Capital
inteligente

CARO(A) LEITOR(A),
Queremos saber sua opinião
sobre nossos livros.
Após a leitura, siga-nos no
linkedin.com/company/editora-gente,
no TikTok @editoragente
e no Instagram @editoragente,
e visite-nos no site
www.editoragente.com.br.
Cadastre-se e contribua com
sugestões, críticas ou elogios.

DAVI RAMOS
PREFÁCIO DE SAMER AGI

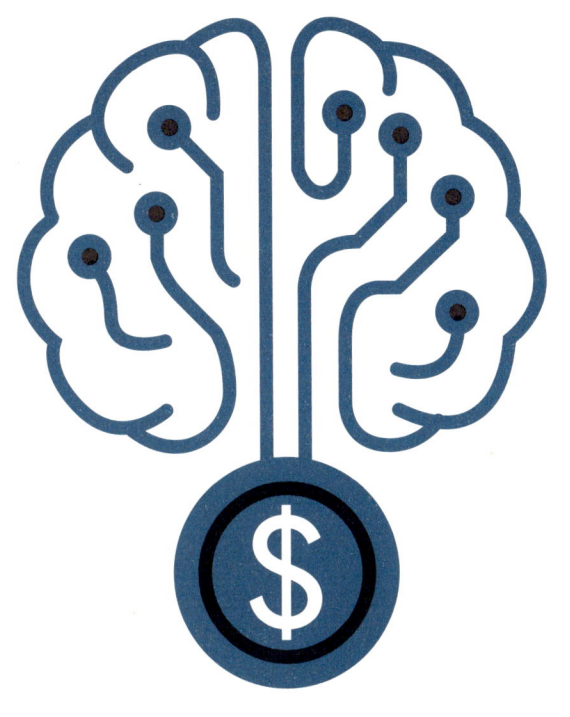

Capital inteligente

Os 7 pilares para construir sua fortuna com liberdade e segurança

Gente editora

Diretora
Rosely Boschini

Diretora Editorial
Joyce Moysés

Editora Sênior
Audrya Oliveira

Assistente Editorial
Camila Gabarrão

Produção Gráfica
Leandro Kulaif

Preparação
Amanda Oliveira

Capa
Anderson Junqueira

Projeto Gráfico
Márcia Matos

Diagramação
Joyce Matos

Revisão
Bianca Maria Moreira
Debora Capella

Impressão
Edições Loyola

Copyright © 2025 by Davi Ramos
Todos os direitos desta edição
são reservados à Editora Gente.
R. Dep. Lacerda Franco, 300 – Pinheiros
São Paulo, SP – CEP 05418-000
Telefone: (11) 3670-2500
Site: www.editoragente.com.br
E-mail: gente@editoragente.com.br

Dados Internacionais de Catalogação na Publicação (CIP)
Angélica Ilacqua CRB-8/7057

Ramos, Davi

Capital inteligente : os 7 pilares para construir sua fortuna com liberdade e segurança / Davi Ramos. - São Paulo : Editora Gente, 2025.
160 p.

ISBN 978-65-5544-618-0

1. Finanças pessoais I. Título

25-1934   CDD 332.024

Índices para catálogo sistemático:
1. Finanças pessoais

NOTA DA PUBLISHER

Imagine quantas vidas seriam transformadas se o brasileiro finalmente tivesse coragem de olhar para suas finanças com a mesma seriedade com que sonha com um futuro melhor. Neste livro, o autor traz ferramentas capazes de fazer dessa utopia uma realidade na vida de muitas pessoas.

A educação financeira é um dos temas mais urgentes de nosso tempo. Em um país onde a maioria da população convive com dívidas, onde o estresse financeiro impacta diretamente a saúde emocional e a qualidade de vida, oferecer ao leitor ferramentas claras, práticas e acessíveis para mudar sua realidade é mais do que relevante – é necessário.

Foi com esse olhar que identificamos, neste projeto, um potencial transformador. *Capital inteligente* é uma obra que enfrenta de maneira direta as raízes culturais e emocionais da relação do brasileiro com o dinheiro. Seu maior mérito está em traduzir conceitos muitas vezes complexos em uma linguagem acessível, aplicável e realista, sem promessas fáceis ou atalhos ilusórios.

Davi Ramos traz uma vivência sólida no mercado financeiro e uma atuação consistente como educador. Sua experiência prática, somada à capacidade de construir um método estruturado e didático, confere à obra legitimidade e aplicabilidade. Nestas páginas, você encontrará orientação, clareza e estímulo para agir com responsabilidade e autonomia.

Ao longo do livro, é possível perceber como o autor nos guia por uma jornada de reeducação financeira, que vai desde o reconhecimento dos próprios padrões até a construção de uma nova postura diante do dinheiro. O ganho mais evidente é a mudança de mentalidade – condição essencial para alcançar equilíbrio, liberdade e segurança financeira.

Capital inteligente é um convite à conscientização e à ação. E é por reconhecer o impacto que essa leitura pode gerar que a Editora Gente aposta neste título.

Desejo que esta obra cumpra seu papel: empoderar financeiramente quem está pronto para transformar sua história.

Boa leitura.

ROSELY BOSCHINI
CEO e Publisher da Editora Gente

Dedico esta obra a minha esposa, Marcella,
e a meus filhos, Catarina e Benício, fontes
inesgotáveis de inspiração e motivação. A meus
pais, João Luiz e Nicinha, pelo exemplo de
vida, valores e amor incondicional que sempre
me guiaram; e a meus mentores e mestres, que
generosamente compartilharam comigo
o bem mais valioso: o conhecimento.

AGRADECIMENTOS

O lançamento deste livro marca uma etapa especial em uma jornada contínua de aprendizado, reflexão e colaboração. Um caminho que, longe de terminar aqui, abre as portas para novos desafios, projetos e sonhos. Neste momento tão significativo, não poderia deixar de expressar minha mais profunda gratidão a todos aqueles que, de alguma forma, contribuíram para que este projeto se tornasse realidade.

Em primeiro lugar, minha gratidão vai para minha esposa, Marcella. Você é meu porto seguro, meu apoio constante e minha maior incentivadora em todas as etapas dessa jornada. Sem seu amor, paciência e compreensão, este livro jamais teria se materializado. Obrigado por estar a meu lado em cada passo, por acreditar em mim e por compartilhar seus sábios conselhos que enriqueceram profundamente esta obra.

A minha filha, Catarina, e a meu filho, Benício, que me enchem de inspiração todos os dias e são a razão pela qual persisto e busco o melhor de mim em tudo o que faço. Cada sorriso, cada abraço, cada momento a seu lado me lembra do que realmente importa na vida e de como o sucesso financeiro é apenas uma parte do que desejo construir para nosso futuro juntos.

Não posso deixar de agradecer a meu amigo e professor Samer Agi, que é advogado, ex-juiz de Direito, ex-delegado de polícia e autor do livro *As cinco áreas da vida*.[1] Sua sabedoria, seu incentivo e seu apoio foram fundamentais para que eu seguisse em frente com este projeto. As palavras e os ensinamentos foram como um farol, iluminando o caminho e me guiando em direção ao objetivo que eu desejava alcançar. Samer, sou grato por toda a motivação e pelo exemplo que você sempre foi para mim.

Aos grandes mestres dos investimentos Warren Buffett, Benjamin Graham, Philip Fisher, Peter Lynch, Luiz Barsi Filho, John C. Bogle e Ray Dalio, cujas trajetórias iluminaram o caminho deste livro, minha gratidão. Todos me ensinaram que a disciplina, a paciência e a consistência são os pilares do sucesso financeiro, e por isso suas histórias ocupam um lugar especial nesta obra.

Agradeço também a Charles Duhigg, autor de *O poder do hábito*,[2] cujo trabalho transformador foi uma fonte de inspiração para abordar a importância das pequenas ações diárias na construção de uma vida financeira sólida e equilibrada. Sua obra mostrou que, ao mudarmos nossos hábitos, temos o poder de mudar nossa vida.

Aos amigos e colegas que estiveram a meu lado, compartilhando suas ideias, experiências e palavras de encorajamento, meu muito obrigado. Vocês foram essenciais para que eu pudesse amadurecer cada conceito apresentado aqui e me impulsionaram a ir além, tornando todo o processo muito mais enriquecedor e significativo.

---

1 AGI, S. **As cinco áreas da vida**: espiritualidade, amor, finanças, profissão e família – como administrar a vida. São Paulo: Serena, 2022.
2 DUHIGG, C. **O poder do hábito**: por que fazemos o que fazemos na vida e nos negócios. Rio de Janeiro: Objetiva, 2012.

E, finalmente, a você, leitor. Este livro foi escrito com o desejo sincero de que o conhecimento compartilhado aqui possa servir como uma fonte de transformação em sua vida financeira e pessoal. Espero que as palavras, ideias e estratégias apresentadas sejam ferramentas valiosas para sua jornada e que o inspirem a buscar um equilíbrio verdadeiro entre sucesso financeiro e qualidade de vida.

A jornada para o sucesso financeiro é, sem dúvida, longa e desafiadora, mas ela se torna muito mais significativa quando compartilhada com aqueles que amamos e valorizamos. Este livro é um reflexo do apoio, da colaboração e da contribuição de todos que me acompanharam ao longo deste caminho. A cada um de vocês, meu mais sincero e profundo agradecimento.

Muito obrigado a todos!

SUMÁRIO

Prefácio	15
Introdução	17

1. OLHAR PARA O EXTRATO É DOLOROSO, MAS NECESSÁRIO — 22

2. O POVO BRASILEIRO E O ANALFABETISMO FINANCEIRO — 28

3. CONHECIMENTO – O ALICERCE DA CONSTRUÇÃO FINANCEIRA — 40

4. ATITUDE – O COMBUSTÍVEL PARA AGIR — 64

5. PLANEJAMENTO – DESENHANDO SEU MAPA FINANCEIRO — 70

6. INVESTIMENTO – FAZENDO SEU DINHEIRO TRABALHAR POR VOCÊ — 78

7. TEMPO – SEU MAIOR ALIADO NA
CONSTRUÇÃO DA RIQUEZA — 94

8. AUTODISCIPLINA – A CHAVE PARA
MANTER-SE NO CAMINHO CERTO — 102

9. LIQUIDEZ – O EQUILÍBRIO ENTRE
SEGURANÇA E FLEXIBILIDADE — 124

10. A TRANSFORMAÇÃO QUE O MÉTODO
CAPITAL PODE TRAZER — 146

11. CONCLUSÃO – O VERDADEIRO SUCESSO NASCE
DE SUAS ESCOLHAS E ESTÁ A SEU ALCANCE — 150

Apêndice: Obras e personalidades que inspiram — 157

PREFÁCIO

Domingo à tarde. Céu cinza em Brasília.

Abri o arquivo pela primeira vez com a mesma expectativa de quem encontra um mapa antigo guardado num baú de madeira. Um mapa que promete não o ouro, mas a inteligência – e mais ainda: a inteligência aplicada.

Capital. A palavra me pegou.

"Capital inteligente." Duas palavras que, de tão usadas, já perderam o frescor. E ainda assim... há algo nelas que pulsa, que lateja. Há algo aqui.

Comecei a ler. Capítulo após capítulo, fui percebendo: não se trata de um manual técnico, daqueles que ensinam você a investir com frases feitas e gráficos reciclados. Não. Este livro é mais ambicioso. É uma proposta de mudança de mentalidade. Um chamado à maturidade emocional, intelectual e financeira. Um convite – quase uma provocação – para que o leitor pare de correr atrás de dinheiro e comece, de fato, a construir riqueza.

E veja: construir riqueza é diferente de fazer dinheiro. Fazer dinheiro é correr. Construir riqueza é caminhar. Fazer dinheiro é impulso. Construir riqueza é intenção. Fazer dinheiro é ganhar. Construir riqueza é entender.

O autor nos conduz como um amigo experiente que já caiu em buracos e hoje leva uma lanterna para evitar que a gente caia também. Com uma linguagem simples, direta e generosa, ele entrega o que poucos livros conseguem: lucidez. E lucidez, meu amigo, é um ativo escasso; e, por isso mesmo, tão valioso.

Este não é um livro apenas sobre dinheiro; e sim sobre escolhas. Sobre tempo. Sobre legado. É sobre pensar a vida a partir de critérios mais profundos do que a simples busca por rendimentos. Porque, no fim das contas, o capital mais inteligente que você pode construir é aquele que não cabe em planilhas; mas cabe na vida.

E que bom que você está com este livro nas mãos. Que bom que decidiu lê-lo. Mas faço um aviso: depois dele, não dá mais pra viver no automático.

Abraço do amigo,

SAMER AGI
Advogado, ex-juiz, influenciador de oratória e
fundador da escola Ser Mais Criativo

INTRODUÇÃO

Imagine que a vida é como um grande jogo de tabuleiro. Existem diversas peças em movimento – saúde, relacionamentos, carreira, bem-estar emocional –, todas buscando se encaixar em sua posição ideal, que proporcione a você uma visão completa do que é ser feliz e realizado. Contudo, há uma peça essencial que, quando bem posicionada, pode acelerar e facilitar o progresso em todas as outras áreas: a vida financeira.

Você já analisou profundamente como o dinheiro permeia cada aspecto de sua existência? Ele é como um fio invisível que conecta seus sonhos e objetivos à realidade prática do dia a dia. Quando bem compreendido e gerido com sabedoria, o dinheiro deixa de ser apenas papel ou números na tela do banco; ele se transforma em possibilidades, liberdade e, sobretudo, em um meio para alcançar uma vida significativa e abundante. Porém, quando mal administrado, suas consequências são implacáveis: endividamento, estresse constante, baixa qualidade de vida, dificuldade para acessar itens básicos como moradia, educação e saúde, e, em casos mais graves, desencadeia transtornos emocionais e psicológicos.

Atualmente, o cenário financeiro da maioria dos brasileiros é alarmante. Segundo a Pesquisa de Endividamento e Inadimplência do Consumidor (Peic 2024), 76,7% das famílias encerraram 2024 com algum tipo de dívida. Dessas, 29,3% estavam com contas em atraso, e um recorde histórico de 13% declarou não ter condições de quitá-las.[3] Ou seja, mais de 1/4 das famílias brasileiras estão, neste momento, enfrentando a inadimplência – muitas sem perspectiva de solução no curto prazo.

O problema não é apenas o volume das dívidas, mas o impacto direto que elas têm sobre a saúde mental e emocional da população. A falta de controle financeiro se tornou um dos principais gatilhos de ansiedade, depressão e conflitos familiares no Brasil. E o mais preocupante: a inadimplência é ainda mais intensa entre os mais pobres, mulheres e pessoas com baixa escolaridade. Isso revela que a crise financeira no Brasil não é só uma questão econômica – é espelho da desigualdade, da falta de preparo e, acima de tudo, da ausência de educação financeira básica.

As estatísticas vão além do bolso: 20,6% das famílias comprometem mais da metade de sua renda com dívidas, enquanto apenas uma em cada dez famílias consegue manter esse comprometimento abaixo de 10% – o que é considerado o ideal. E a principal forma de endividamento continua sendo o cartão de crédito, um dos meios mais caros e perigosos de crédito quando mal utilizado.[4]

A conta é clara e inevitável: sem gestão financeira adequada, não há futuro seguro. Não importa quanto você ganhe hoje; se não estiver cuidando e planejando sua vida financeira agora, é improvável que tenha segurança amanhã. Diante disso, fica minha pergunta inicial para você, leitor: com sua atual saúde

---

[3] PESQUISA Nacional de Endividamento e Inadimplência do Consumidor 2024. **CNC**, jun. 2024. Disponível em: https://portal-bucket.azureedge.net/wp-content/2024/07/Analise_Peic_junho_2024.pdf. Acesso em: 3 maio 2025.

[4] *Ibidem.*

financeira, você está realmente preparado para enfrentar o futuro? Ou o dinheiro que entra hoje só serve para cobrir as despesas imediatas e talvez uma pequena reserva de emergência?

Eu sou Davi Ramos, especialista em investimentos, educador financeiro e sócio-fundador da Vante Invest, uma das principais assessorias financeiras independentes vinculadas ao maior banco de investimentos da América Latina, o BTG Pactual. Após uma década trabalhando em grandes multinacionais e com mais de dez anos no mercado financeiro, incluindo uma especialização em Value Investing pela Columbia Business School em Nova York, percebi que o que realmente transforma vidas não são apenas investimentos corretos, mas sim a mudança completa de mentalidade em relação ao dinheiro. Meu objetivo é ajudar você a construir uma vida próspera, equilibrada e, acima de tudo, segura.

Também senti na prática essa transformação: apesar de uma carreira promissora na indústria automotiva, vivi anos acreditando que a estabilidade estava em um salário fixo e benefícios corporativos. Apenas quando entendi que a verdadeira segurança está em como gerenciamos e investimos nosso dinheiro minha vida mudou radicalmente. Passei de empregado inseguro a empreendedor e investidor confiante, construindo um patrimônio sólido que hoje garante tranquilidade para mim e minha família.

Estou aqui para lhe mostrar que sucesso financeiro não significa acumular bens materiais ou comprar tudo o que deseja, mas conquistar a tranquilidade e a segurança de estar preparado para qualquer desafio que a vida trouxer. É garantir que você e sua família estejam protegidos contra imprevistos e tenham recursos suficientes para viver tempos difíceis com liberdade e autonomia.

Neste livro, convido você a mudar radicalmente sua relação com o dinheiro, compreendendo que a verdadeira riqueza reside na capacidade que o dinheiro tem de libertá-lo para viver conforme seus valores e propósitos mais profundos.

Se você já está em busca de autoconhecimento e equilíbrio, este livro será uma continuação natural, aprofundando-se em um dos pilares essenciais e muitas vezes negligenciados: a vida financeira. Se está no começo dessa jornada, buscando uma realidade mais agradável, segura e confiável, ele fornecerá as bases sólidas e necessárias para que você caminhe com firmeza e liberdade.

Ao longo dos capítulos, desmistificaremos conceitos financeiros complexos, quebraremos barreiras mentais e simplificaremos estratégias eficazes, porque a prosperidade financeira não depende de fórmulas mágicas ou atalhos mirabolantes. Cada decisão e hábito financeiro saudável que você adotar será um passo decisivo rumo à vida que você deseja ter.

Entendo que assuntos financeiros possam parecer complexos ou tediosos, por isso proponho que este livro seja seu guia pessoal, um companheiro confiável nesta jornada rumo à prosperidade. Momentos difíceis são inevitáveis, mas lembre-se: é justamente ao superarmos desafios que conseguimos alcançar a verdadeira transformação.

Então, respire fundo, abra sua mente e seu coração e permita-se mergulhar nesta jornada. O que você está prestes a descobrir vai muito além de números e planilhas; trata-se de aprender a usar o dinheiro como um meio essencial para construir liberdade, segurança e uma vida plena.

Desejo que este livro desperte em você curiosidade, motivação e a certeza de que você pode – e merece – conquistar a vida financeira que sempre desejou.

Boa leitura e muito sucesso em sua jornada rumo à verdadeira prosperidade!

01

OLHAR PARA O EXTRATO É DOLOROSO, MAS NECESSÁRIO

Vivemos um momento de contrastes profundos no cenário financeiro nacional. Como vimos na introdução, a maioria das famílias brasileiras encerraram 2024 com algum tipo de dívida, e muitas declararam não ter condições de quitá-las – o maior patamar já registrado pela série histórica da Peic.[5]

Esses números, longe de serem meras estatísticas, revelam o peso financeiro que milhões de brasileiros carregam todos os meses. Mais alarmante ainda é que 20,6% das famílias comprometem mais da metade de sua renda com dívidas, o que influencia drástica e negativamente a estabilidade financeira e a capacidade de reagir a imprevistos.

E não estamos falando apenas da população de baixa renda: mesmo indivíduos das classes média e alta, com formação superior e bons salários, enfrentam sérias dificuldades para manter o equilíbrio financeiro. Em muitos casos, sustentam um padrão de vida baseado em crédito e parcelamentos – uma aparência de riqueza sem estrutura real.

Um retrato emblemático dessa distorção cultural está no crescimento desenfreado das apostas esportivas on-line. Segundo levantamento do Instituto Locomotiva, cerca de 3,5 milhões de

---

[5] PESQUISA Nacional de Endividamento e Inadimplência do Consumidor 2024. *op. cit.*

brasileiros passaram a apostar mensalmente ao longo de 2024, o que resulta em mais de 40 milhões de usuários em plataformas de apostas no país.[6] Enquanto isso, a B3, bolsa de valores brasileira, registrou apenas 5,3 milhões de investidores em renda variável ao final de 2024, evidenciando uma preferência crescente por jogos de azar em detrimento de investimentos estruturados.[7]

Além do impacto comportamental, o efeito econômico é profundo. Estima-se que os brasileiros movimentaram 240 bilhões de reais em apostas on-line em 2024,[8] resultando em perdas de 103 bilhões de reais para o varejo formal. Recursos que poderiam estar circulando na economia produtiva são desviados para um ambiente pouco regulado, alimentando o endividamento e favorecendo práticas como a lavagem de dinheiro.

Em meio a esse cenário complexo, é comum encontrar pessoas com salários altos, imóveis valorizados, carros de luxo e viagens internacionais – mas sem qualquer reserva de emergência. A falsa sensação de segurança, sustentada por crédito fácil, mas com juros abusivos e consumo desenfreado, tem aprisionado famílias inteiras em uma rotina financeiramente frágil.

---

6   BETs: 86% das pessoas que apostam têm dívida e 64% estão negativadas na Serasa, diz pesquisa. **Instituto Locomotiva**, 31 ago. 2024. Disponível em: https://ilocomotiva.com.br/clipping/bets-86-das-pessoas-que-apostam-tem-divida-e-64-estao-negativadas-na-serasa-diz-pesquisa/. Acesso em: 3 maio 2025.

7   MERKI II, A. Brasil atinge 5,3 milhões de investidores em renda variável em 2024, diz B3. **CNN Brasil**, 20 fev. 2025. Disponível em: https://www.cnnbrasil.com.br/economia/mercado/brasil-alcanca-53-milhoes-de-investidores-em-renda-variavel-ao-fim-de-2024-diz-b3/. Acesso em: 3 maio 2025.

8   RODRIGUES, L. CNC diz que bets causaram perdas de R$ 103 bilhões ao varejo em 2024. **Agência Brasil**, 16 jan. 2025. Disponível em: https://agenciabrasil.ebc.com.br/economia/noticia/2025-01/cnc-diz-que-bets-causaram-perdas-de-r-103-bilhoes-ao-varejo-em-2024. Acesso em: 3 maio 2025.

Mesmo entre os mais privilegiados, a vulnerabilidade é real. A alta carga tributária, os custos crescentes com educação e saúde, e o estilo de vida desproporcional à renda criam uma armadilha silenciosa. A cada aumento de receita, vem também o aumento de despesas – e o conforto aparente esconde um risco constante.

O cenário brasileiro atual exige vigilância e responsabilidade de todos. O primeiro passo é o mais difícil: reconhecer que algo precisa mudar.

DÍVIDAS, ANSIEDADE E A DIFICULDADE EM MANTER O CONTROLE

Quem nunca sentiu aquele frio na barriga ao abrir o extrato bancário ou encarar a fatura do cartão de crédito? De acordo com a Peic de 2024, 15,4% dos brasileiros se consideram muito endividados, um número alto e alarmante que se desdobra em muitos problemas.

A verdade é que olhar para as próprias finanças ainda é um ato de coragem para muitos brasileiros. Mesmo aqueles com renda elevada frequentemente vivem no limite, gastando mais do que deveriam por impulso, hábito ou pressão social. Talvez você, leitor, tenha experimentado esse desconforto. Talvez até viva assim neste momento.

Deixe-me compartilhar o caso de um cliente que chamarei de Gustavo.* Executivo de uma grande multinacional, com mais de 55 mil reais de renda mensal líquida, Gustavo não conseguia fechar um mês sequer no azul. Viagens, festas, restaurantes caros, escola internacional para os filhos, casa financiada em bairro

---

* Os nomes mencionados neste livro foram alterados para proteger a privacidade dos clientes.

nobre. Por fora, tudo perfeito. Por dentro, ansiedade crônica, noites sem sono e uma sensação de sufocamento crescente.

Quando nos conhecemos, seu objetivo era claro: "Eu não quero abrir mão de meu conforto, mas sei que preciso mudar". E, de fato, não era falta de dinheiro. Era falta de controle. Gustavo havia vinculado seu valor pessoal ao padrão de vida que exibia. E, como muitos, confundia bem-estar com ostentação. Nosso trabalho foi, antes de tudo, emocional. Ao entender suas crenças, ressignificar seus hábitos e rever suas prioridades, ele começou a trilhar um caminho mais seguro e próspero.

Assim como Gustavo, talvez você também esteja gastando por impulso, tentando sustentar uma imagem que não condiz com sua realidade financeira. Olhar para isso dói, mas é justamente essa dor que dá início à cura.

A RELAÇÃO EMOCIONAL COM O DINHEIRO

Dinheiro carrega um peso emocional que muitos ignoram. Desde a infância, somos impactados por frases como "dinheiro não traz felicidade", "rico é quem nasce rico", ou "quem guarda dinheiro é mão de vaca". Essas crenças, somadas às experiências familiares, moldam profundamente nossa relação com o dinheiro.

Segundo a Associação Brasileira das Entidades dos Mercados Financeiro e de Capitais (Abefin), 71% dos brasileiros associam dinheiro à felicidade ou à realização pessoal.[10] Além disso, estudos internacionais, como os conduzidos por Daniel Kahneman e Angus Deaton, sugerem que a felicidade aumenta com a renda

---

[10] ARAUJO, C. Dinheiro traz felicidade? Maioria dos brasileiros diz que sim. **COPPEAD UFRJ**, 17 mar. 2023. Disponível em: https://www.coppead.ufrj.br/dinheiro-traz-felicidade-maioria-dos-brasileiros-diz-que-sim Acesso em: 5 jun. 2025.

da pessoa até certo ponto e, após isso, o impacto adicional da renda sobre o bem-estar é limitado,[11] o que explica comportamentos de compensação emocional: comprar para se sentir melhor, para impressionar, para provar algo aos outros.

Lembro do caso de outro cliente, Marcelo, médico renomado, dono de uma clínica bem-sucedida, e que, aos olhos dos amigos, era o retrato do sucesso: viagens constantes, roupas caras, carros importados. Mas bastava uma frustração no trabalho ou crise familiar para ele buscar conforto nas compras. Era sua válvula de escape emocional. O problema? As dívidas começaram a crescer mais rápido do que sua renda.

Em nossos encontros, Marcelo percebeu que seu consumo exagerado estava ligado à baixa autoestima e à necessidade de reconhecimento. Foi um divisor de águas. A partir desse ponto, ele conseguiu estabelecer limites, controlar impulsos e entender que o dinheiro deveria ser um meio de liberdade – não um anestésico emocional.

Você pode não perceber, mas talvez faça a mesma coisa. Talvez use o dinheiro para se proteger, se anestesiar ou se afirmar. E tudo bem reconhecer isso. Porque é só ao encarar essas verdades que você conseguirá, de fato, mudar.

---

11 DINHEIRO traz felicidade? **Ministério da Gestão e da Inovação em Serviços Públicos**, 29 maio 2024. Disponível em: https://www.gov.br/gestao/pt-br/assuntos/inovacao-governamental/cinco/cinforme/edicao-7-2024/dinheiro-felicidade Acesso em: 5 jun. 2025.

02

O POVO BRASILEIRO E O ANALFABETISMO FINANCEIRO

Por que não aprendemos sobre dinheiro? Pare por um instante e reflita: durante a infância e adolescência, quantas vezes você ouviu seus professores falarem sobre dinheiro, investimentos ou administração de finanças pessoais? Quantas aulas foram dedicadas a ensinar como economizar, investir e planejar um futuro financeiro sólido? Provavelmente nenhuma ou quase nenhuma. E isso não é por acaso. Vivemos em uma sociedade que, historicamente, negligencia a educação financeira, gerando adultos despreparados e vulneráveis diante das decisões financeiras mais básicas.

Essa ausência na formação tem motivos e causas complexos. Inicialmente, a escola brasileira foi estruturada para formar trabalhadores que se encaixassem na lógica industrial e empresarial: pessoas que soubessem executar tarefas, mas não necessariamente capazes de gerir os próprios recursos ou questionar o sistema econômico em que viviam. O objetivo nunca foi formar cidadãos autônomos em suas decisões financeiras, mas trabalhadores e consumidores passivos.

Outro ponto crucial é cultural: fomos ensinados, desde pequenos, a evitar falar de dinheiro. Pergunte a si mesmo: quantas vezes seus pais conversaram abertamente com você sobre o orçamento doméstico, as dívidas ou os investimentos da família? O dinheiro, na maioria das casas, é tabu, assunto desconfortável que ninguém gosta de discutir. Se nem mesmo as famílias abordam o tema com clareza, como esperar que esses jovens cresçam com maturidade financeira?

E por que continuamos a evitar o assunto na idade adulta? A verdade é que falar sobre dinheiro nos obriga a confrontar medos e inseguranças. Expor nossa situação financeira é também expor nossas vulnerabilidades, falhas e dificuldades. Preferimos viver na ilusão de que tudo está sob controle a admitir que talvez não saibamos tanto sobre dinheiro quanto deveríamos.

Precisamos também considerar uma questão mais profunda: a quem interessa nosso analfabetismo financeiro? Pense comigo: cidadãos sem conhecimento financeiro são mais vulneráveis à manipulação e tendem com maior facilidade a se tornar dependentes de crédito, consumindo mais e gastando impulsivamente. Não é coincidência que a classe política pouco faça para incluir educação financeira nos currículos escolares. Afinal, cidadãos esclarecidos, autônomos e independentes financeiramente são menos suscetíveis a promessas vazias e mais exigentes com aqueles que os representam.

Reflita profundamente sobre isto: quantas decisões financeiras erradas você já tomou simplesmente por falta de informação adequada sobre dinheiro? Quantas oportunidades você já perdeu porque nunca aprendeu sobre investimentos, juros ou planejamento financeiro? Está na hora de romper esse ciclo. Está na hora de aprender e dominar o dinheiro, em vez de deixar que ele domine você.

O IMPACTO DA CULTURA E DA EDUCAÇÃO NA FALTA DE PLANEJAMENTO FINANCEIRO

A cultura ocidental carrega um paradoxo intrigante: ao mesmo tempo que glorifica o consumo e a ostentação, demoniza a riqueza legítima, construída com esforço e sabedoria. Crescemos ouvindo expressões como "dinheiro não traz felicidade" ou "rico não entra no céu", reforçando a ideia errada de que acumular patrimônio é algo negativo e moralmente reprovável. Esse pensamento enraizado cria um bloqueio mental poderoso, afastando muitas pessoas do sucesso financeiro legítimo e merecido.

Vivemos cercados por uma dinâmica que estimula o imediatismo. Somos incentivados diariamente a consumir, comprar por impulso e viver acima do nosso padrão de renda real. Redes sociais amplificam essa realidade, exibindo estilos de vida ilusórios que parecem perfeitos e sem esforço, levando milhões de brasileiros a se endividarem na tentativa de replicar padrões que não cabem em seus contextos.

Esse comportamento é, em grande parte, resultado direto da ausência de educação financeira básica. Sem fundamentos sólidos, passamos a vida imersos em hábitos financeiros nocivos, sem sequer perceber que estamos construindo nosso próprio desastre financeiro. Tornamo-nos escravos de cartão de crédito, financiamentos e juros abusivos justamente porque nunca aprendemos alternativas saudáveis e sustentáveis.

Além disso, a resistência a construir riqueza está profundamente ligada ao contexto histórico brasileiro. Décadas de inflação descontrolada, planos econômicos malsucedidos e crises financeiras recorrentes geraram na população uma sensação constante de insegurança econômica e desconfiança em relação ao futuro. Por que planejar em longo prazo se tudo parece incerto e ameaçador? Essa visão pessimista compromete nossa relação com o dinheiro, tornando-nos céticos e imediatistas.

Há também uma cultura tóxica de preconceito com quem consegue prosperar financeiramente. Observe como nossa sociedade reage quando alguém conquista sucesso financeiro: em vez de admiração e aprendizado, frequentemente há crítica, desconfiança e julgamento moral. Quem nunca ouviu comentários como "com certeza fez algo ilegal" ou "teve sorte"? Esse tipo de visão limita o crescimento pessoal e social, afastando muitos do caminho do sucesso financeiro legítimo.

Precisamos urgentemente substituir essa mentalidade cultural e aprender a admirar e respeitar quem prospera de maneira ética. É necessário entender que dinheiro bem administrado é um instrumento para grandes realizações, impacto social positivo e independência pessoal. Está na hora de ressignificar nossa relação com a riqueza e entender que uma sociedade financeiramente instruída é uma sociedade mais livre, mais justa e mais próspera.

O CUSTO INVISÍVEL DA FALTA DE CONHECIMENTO SOBRE FINANÇAS

Talvez o maior perigo do analfabetismo financeiro seja justamente aquele que não se percebe de imediato: o custo invisível. Sim, as dívidas acumuladas e os juros exorbitantes são facilmente perceptíveis, mas o impacto vai muito além disso, atingindo de modo significativo aspectos emocionais, de saúde e até mesmo relações pessoais.

Estudos da Organização Mundial da Saúde (OMS) apontam que as questões financeiras são uma das maiores fontes de ansiedade, depressão e estresse crônico em adultos brasileiros.[12]

---

12 AZEVEDO, E. Brasileiro se preocupa mais com dinheiro que saúde: por que a questão financeira impacta tanto na saúde mental? Psicólogos explicam. **O Globo**, 11 nov. 2023. Disponível em: https://oglobo.globo.com/saude/noticia/2023/11/27/brasileiro-se-preocupa-mais-com-dinheiro-que-saude-por-que-a-questao-financeira-impacta-tanto-na-saude-mental-psicologos-explicam.ghtml. Acesso em: 3 maio 2025.

Pessoas financeiramente inseguras enfrentam dificuldades para dormir, são menos produtivas no trabalho, têm mais problemas familiares e sofrem mais com problemas de saúde físicos e psicológicos. Essa carga emocional diária representa um enorme peso invisível, impedindo milhares de brasileiros de viverem plenamente e explorarem todo o seu potencial.

Existe ainda o custo social invisível. Uma sociedade financeiramente analfabeta é uma sociedade dependente, fragilizada e que vive em crise. Essa dependência torna as pessoas mais vulneráveis a promessas vazias e manipulações políticas e ideológicas. Políticos pouco comprometidos com a mudança real perpetuam essa falta de educação financeira propositalmente, pois cidadãos esclarecidos são mais difíceis de enganar e manipular.

Além disso, a falta de conhecimento financeiro diminui drasticamente a capacidade de mobilidade social. Sem aprender a investir e multiplicar o dinheiro, famílias permanecem presas em ciclos intergeracionais de pobreza e dívida. O conhecimento financeiro é uma das ferramentas mais poderosas para romper essas barreiras e promover igualdade real, permitindo que pessoas de qualquer origem possam prosperar através de suas próprias decisões e esforço.

Esse custo invisível também se reflete na economia nacional. Um país onde as pessoas são financeiramente esclarecidas apresenta taxas maiores de poupança, maior investimento produtivo e menos dependência de programas sociais emergenciais. Países com alta alfabetização financeira têm economias mais estáveis e resilientes, são menos vulneráveis a crises e possuem cidadãos mais satisfeitos e realizados.

É chegada a hora de quebrar esse ciclo nocivo e custoso para o Brasil. A educação financeira não é um luxo, é uma necessidade urgente, precisamos que cada cidadão compreenda que seu futuro financeiro depende apenas dele, e que conhecimento financeiro é poder, liberdade e autonomia.

Por tudo isso, é fundamental que você abrace a mudança proposta neste livro. Através do método CAPITAL, vamos juntos reconstruir sua relação com o dinheiro, quebrar paradigmas culturais negativos e prepará-lo para um futuro seguro, próspero e, acima de tudo, livre.

CAPITAL – O MAPA DEFINITIVO PARA A PROSPERIDADE FINANCEIRA

Chegamos ao tema deste livro, ao coração da transformação que proponho a você. Até aqui, identificamos claramente o problema do analfabetismo financeiro, suas raízes culturais e as consequências desastrosas dessa realidade no Brasil. Você entendeu que não há como conquistar uma vida plena, feliz e realizada sem dominar o dinheiro e sem fazê-lo trabalhar a seu favor. Agora, quero lhe apresentar a solução definitiva para esse cenário: o método **CAPITAL**.

A esta altura, você pode estar se perguntando: *Mas por que este método seria diferente de todos os outros que já vi apresentados por aí?* Ótima pergunta. Vou lhe responder diretamente: porque o método CAPITAL não nasceu apenas de teorias acadêmicas ou receitas prontas. Ele nasceu da prática, de minha própria experiência, de erros e acertos, de perdas e vitórias reais. Nasceu da necessidade urgente de criar um caminho eficaz, prático e realista, capaz de tirar qualquer pessoa, independentemente de idade, situação financeira ou conhecimento prévio, da zona de confusão financeira para colocá-la no caminho claro e seguro rumo à prosperidade e à liberdade financeira verdadeira.

O método CAPITAL não é uma fórmula mágica ou uma promessa vaga. É um mapa testado, estruturado e comprovado, com base em sete pilares sólidos, todos interligados e absolutamente necessários para construir sua fortuna pessoal com liberdade e segurança.

Vamos analisar de maneira breve cada um desses pilares para que você entenda por que este método é único e pode transformar radicalmente sua vida financeira.

Conhecimento

Imagine estar navegando pelo oceano sem bússola ou mapas. Sem conhecimento financeiro, sua vida econômica é exatamente assim: vulnerável e imprevisível. O método CAPITAL ajuda a colocar o conhecimento financeiro a seu alcance, de maneira prática, didática e fácil de entender. Você finalmente terá clareza dos caminhos para economizar, investir e multiplicar seu dinheiro, protegendo seu patrimônio e garantindo liberdade financeira.

Atitude

Conhecimento sem ação é apenas informação vazia. A atitude é o que transforma teoria em realidade palpável. Este método não apenas ensina; ele inspira, estimula e desperta em você a atitude necessária para agir com consistência. Você aprenderá como desenvolver a mentalidade e a motivação de um investidor de sucesso, vencendo a procrastinação e os medos que paralisam a maioria das pessoas.

Planejamento

Seria possível construir um arranha-céu sem projeto? Claro que não. No entanto, muitas pessoas tentam administrar suas vidas financeiras exatamente assim, improvisando, sem planejamento. O método CAPITAL mostra a importância de ter um planejamento financeiro robusto, fácil de seguir e organizado. Com ele, você terá clareza absoluta de seu presente e de seu futuro financeiro, sabendo exatamente quais decisões tomar a cada etapa de sua jornada.

Investimento

Investir é o único caminho comprovado para multiplicar seu patrimônio. Não há prosperidade financeira sem investimento inteligente. Porém, investir sem estratégia é apostar. O método CAPITAL ensina você a investir de modo inteligente, seguro e eficaz, independentemente de seu nível inicial de conhecimento ou do tamanho de seu patrimônio. Você aprenderá como fazer seu dinheiro crescer com segurança e tranquilidade.

Tempo

O tempo pode ser seu maior aliado financeiro ou seu pior inimigo. Você descobrirá, na prática, como pequenos passos constantes podem resultar em grandes fortunas no longo prazo, graças ao poder mágico e exponencial dos juros compostos. Você aprenderá não só a respeitar o tempo, mas também a utilizá-lo estrategicamente para acelerar seu crescimento financeiro.

Autodisciplina

Quantas vezes você já tomou decisões financeiras por impulso e depois se arrependeu? O método CAPITAL resolve essa questão definitivamente, desenvolvendo em você uma autodisciplina consistente. Você aprenderá técnicas práticas e comprovadas para resistir às tentações imediatas, manter-se fiel a seu plano e garantir que cada decisão financeira contribua positivamente para seus objetivos maiores e de longo prazo.

Liquidez

A liquidez é o oxigênio da vida financeira. É ela que permite que você enfrente crises, resolva emergências e contorne situações inesperadas sem comprometer tudo que construiu. O método CAPITAL ensina como construir reservas estratégicas de liquidez, garantindo segurança e tranquilidade em qualquer cenário. Nunca mais você precisará recorrer a dívidas caras ou comprometer seus sonhos por falta de dinheiro imediato.

Por que o método CAPITAL é o melhor disponível?

Porque ele não ignora a realidade do brasileiro, não promete riqueza imediata sem esforço nem utiliza linguagem complexa e inacessível. Ele foi desenhado especialmente para você que vive no Brasil, entende os desafios reais de sua vida financeira e sabe exatamente como superar cada um deles.

Outro grande diferencial é que o método CAPITAL não vem apenas de minha experiência pessoal, pois também incorpora as estratégias vencedoras dos maiores investidores da história. Ao longo deste livro, você será guiado pela sabedoria de gigantes do mercado financeiro como Warren Buffett, Benjamin Graham,

Luiz Barsi, Philip Fisher, Peter Lynch, John Bogle, Geraldine Weiss, Seth Klarman, Linda Bradford Raschke e Ray Dalio. Esses mestres deixaram lições valiosas que inspiraram cada etapa do método CAPITAL, garantindo que você siga um caminho já comprovado pelos melhores.

Este não é apenas mais um livro sobre dinheiro. É **o livro** que vai finalmente lhe entregar as ferramentas certas, a estratégia adequada e a mentalidade necessária para mudar para sempre sua realidade financeira. Este método não foi elaborado só para melhorar sua situação financeira; ele foi pensado para transformá-la radicalmente, garantindo que você nunca mais volte ao ponto de partida.

A promessa deste livro é simples e poderosa: ao seguir o método CAPITAL, você conquistará não apenas dinheiro, mas também liberdade, segurança e tranquilidade financeira. Você passará a ter domínio absoluto sobre suas finanças, deixará de ser refém das circunstâncias e se tornará o protagonista de sua própria história financeira.

Prepare-se, porque no próximo capítulo você começará uma jornada empolgante, profunda e transformadora. Uma jornada rumo à vida financeira que você merece, utilizando o melhor método já desenvolvido para quem realmente deseja conquistar prosperidade duradoura.

Vamos juntos construir a vida financeira extraordinária que você sempre desejou!

CAPITAL

LIQUIDEZ
Ter acesso rápido ao dinheiro dá segurança nas emergências.

CONHECIMENTO
Entender o dinheiro é o primeiro passo para fazer escolhas inteligentes.

ATITUDE
Saber agir com consistência transforma os planos em conquistas reais.

PLANEJAMENTO
Organizar o presente é essencial para construir um futuro sólido.

INVESTIMENTO
Fazer o dinheiro trabalhar por você é o caminho da prosperidade.

TEMPO
A constância ao longo do tempo traz resultados extraordinários.

AUTODISCIPLINA
Controlar os impulsos garante foco e avanço rumo às metas.

03

CONHECIMENTO – O ALICERCE DA CONSTRUÇÃO FINANCEIRA

Mudar sua realidade financeira é um processo que exige dedicação, consciência de onde se deseja chegar e, principalmente, disciplina. O processo inicial é o mais doloroso, pois existem dúvidas, falta hábito e não conseguimos enxergar o que estamos construindo. No entanto, o resultado virá, e, quando você começar a enxergá-lo, seu relacionamento com a vida financeira vai se transformar de inimizade em paixão por cuidar de suas economias.

Para ajudar no pontapé inicial dessa trajetória e torná-la bem-sucedida, neste capítulo vou lhe apresentar o primeiro pilar do método CAPITAL: Conhecimento.

Parece um tanto óbvio, mas muitas vezes é preciso que o óbvio seja dito: o conhecimento é a diferença entre andar às cegas, tropeçando em obstáculos invisíveis, e caminhar com confiança, sabendo exatamente para onde se está indo. Ou seja, sem conhecimento não fazemos nada! Seja algo que aprendemos porque alguém nos ensinou, ou que procuramos conhecer porque desejamos, muitas áreas de nossa vida exigem uma base sólida que indique ao menos o básico de como executar determinada ação.

Como já vimos aqui, a falta de conhecimento na área de finanças é um dos principais fatores para o cenário caótico que a população brasileira vivencia hoje. Afinal, o conhecimento é a chave que abre as portas para oportunidades que muitos sequer sabem que existem, pois ele nos traz a possibilidade de experimentar, testar e desenvolver habilidades e hábitos.

No mercado financeiro, há um termo que talvez pareça complicado à primeira vista: "análise fundamentalista". Simplificando, é como olhar para a estrutura de uma casa antes de comprá-la. Você não se interessa apenas pela pintura ou pela decoração; quer saber se as fundações são sólidas, se o terreno é realmente seguro e se vale o preço que está sendo pedido.

O investidor Warren Buffett, um dos maiores exemplos de sucesso financeiro, usa essa análise para avaliar o valor real das empresas. Ele aprendeu com seu mentor, o economista Benjamin Graham (1894-1976), que o segredo para o sucesso não está em seguir o que todos estão fazendo, mas em enxergar o valor onde outros não conseguem ver. Ele busca empresas subvalorizadas, aquelas cujo verdadeiro potencial ainda não foi percebido pelo mercado, e investe nelas, como quem planta uma árvore que, com o tempo, dará frutos abundantes. Buffett não nasceu com esse conhecimento. Ele o adquiriu ao longo dos anos, estudando, lendo e, acima de tudo, mantendo uma curiosidade incessante.

É preciso entender que, quanto mais ampliar seu conhecimento em finanças, maior será seu controle sobre seu dinheiro e melhores serão suas escolhas de investimento. Não deixe a ansiedade tomar conta. Você está no primeiro passo, mas ainda virão muitos, e quanto mais você se dedicar a aprender sobre finanças, mais oportunidades surgirão em seu caminho.

Assim como aprender a ler, a dirigir ou a cozinhar, aprender a investir é um processo longo de compromisso com sua aprendizagem, esforço e dedicação. Como já mencionei anteriormente, no início tudo é difícil. Juntar o bê-á-bá é complicado, mas ler uma obra completa é maravilhoso, e no mundo financeiro é a mesma coisa: ao investir em seu conhecimento, você vai se preparar para viver o melhor futuro financeiro possível.

A IMPORTÂNCIA DE MANTER-SE ATUALIZADO PARA IDENTIFICAR NOVAS OPORTUNIDADES DE INVESTIMENTO

O mercado financeiro é um ambiente em constante evolução. Novas tendências e setores com alto potencial de crescimento surgem a todo instante, trazendo oportunidades para aqueles que estão atentos e dispostos a agir. As condições econômicas mudam, inovações tecnológicas transformam indústrias inteiras, e setores que antes eram ignorados podem rapidamente se tornar as novas estrelas do mercado. Para capturar essas oportunidades, é essencial se manter informado, mas sem cair na armadilha de querer acompanhar todas as notícias e flutuações diárias. No entanto, com a avalanche de informações que temos à disposição hoje em dia, o desafio é saber onde focar nossa atenção e como distinguir o que realmente vale a pena.

A chave para se manter atualizado de maneira eficaz é aprender a filtrar informações e focar aquilo que é realmente relevante para sua estratégia de investimento. Essa prática ajudará você não só a identificar oportunidades, mas também a evitar distrações e ruídos que podem desviar o foco de suas metas de longo prazo.

Uma das primeiras etapas para se manter bem-informado e ampliar seu conhecimento financeiro é selecionar fontes seguras, afinal a qualidade da informação que você consome impacta diretamente a qualidade de suas decisões. Portanto, é crucial escolher fontes que agreguem valor a seu processo de análise e tomada de decisão. A seguir, listo algumas fontes interessantes para quem não sabe por onde começar.

Relatórios de análise de mercado

Instituições financeiras, corretoras e empresas de análise produzem relatórios regulares sobre tendências econômicas, setores em crescimento e oportunidades de investimento. Esses relatórios oferecem uma visão detalhada do ambiente macroeconômico e das forças que impulsionam os mercados, fornecendo insights que podem ajudar você a identificar as melhores oportunidades. Exemplos de relatórios confiáveis no Brasil são:

- *Research*, do Banco BTG Pactual;
- *Research*, da XP Investimentos;
- *Palavra do Estrategista*, da Empiricus.

Blogs e podcasts de investimento

Especialistas do mercado financeiro compartilham suas perspectivas através de blogs e podcasts, tornando esse conteúdo acessível e fácil de acompanhar. Essa é uma excelente alternativa para absorver informações de maneira dinâmica, especialmente se você tem um dia a dia agitado. Ao seguir especialistas com um histórico de sucesso, você obtém insights práticos e relevantes. Sugestões populares são:

- Podcast e site *Market Makers*;
- Podcast *Stock Pickers*, da InfoMoney;
- Podcast *Os Sócios*, de Bruno e Malu Perini.

Livros e estudos de caso

Para expandir seu conhecimento, nada substitui a profundidade que os livros e estudos de caso oferecem. Biografias de investidores renomados, como Warren Buffett ou Ray Dalio, e estudos detalhados de empresas e setores de sucesso ajudam a entender como grandes investidores identificaram e aproveitaram oportunidades ao longo do tempo. Recomendações essenciais:

- *O investidor inteligente*, de Benjamin Graham;[13]
- *Princípios*, de Ray Dalio;[14]
- *A psicologia financeira*, de Morgan Housel.[15]

Plataformas de notícias financeiras

Sites como Bloomberg, Reuters, Exame e InfoMoney são excelentes para acompanhar as notícias mais recentes sobre o mercado global. Embora nem toda notícia seja relevante para o investidor de longo prazo, entender o cenário econômico e as principais tendências pode ajudá-lo a tomar decisões mais informadas. Algumas das plataformas amplamente utilizadas no Brasil são:

- Exame;
- InfoMoney;
- Bloomberg;
- Reuters.

---

13 GRAHAM, B. **O investidor inteligente**: um guia clássico de como ganhar dinheiro na bolsa. Rio de Janeiro: Nova Fronteira, 2007.
14 DALIO, R. **Princípios**. Rio de Janeiro: Intrínseca, 2018.
15 HOUSEL, M. **A psicologia financeira**: lições atemporais sobre fortuna, ganância e felicidade. Rio de Janeiro: Harper Collins, 2021.

Para além das notícias de atualização semanais, é importante se atentar a setores emergentes capazes de possibilitar novos investimentos valiosos. Nos últimos anos, vimos várias inovações que transformaram indústrias inteiras e criaram oportunidades incríveis de investimento. Vamos explorar alguns dos setores que têm demonstrado grande potencial e que você, como investidor agressivo, deve considerar.

Tecnologia e inovações disruptivas

O setor de tecnologia continua sendo um dos mais dinâmicos e promissores. Empresas como Amazon, Apple e Tesla provaram que a inovação pode gerar retornos extraordinários no longo prazo. No entanto, há novas áreas emergindo, como inteligência artificial, computação quântica e blockchain, que prometem transformar ainda mais a forma como vivemos e trabalhamos.

- **Inteligência artificial:** a IA está sendo incorporada em diversas áreas, desde finanças até saúde, e tem o potencial de revolucionar setores inteiros. Empresas que estão desenvolvendo soluções inovadoras em IA oferecem oportunidades de crescimento significativas.
- **Blockchain e criptomoedas:** a tecnologia blockchain está ganhando espaço em aplicações que vão muito além das criptomoedas. Hoje já é usada para criar contratos inteligentes, gerenciar cadeias de suprimentos e até mesmo descentralizar sistemas financeiros. Investir em empresas que lideram essa inovação pode ser uma estratégia lucrativa.
- **Energia limpa e sustentabilidade:** o foco global na sustentabilidade abriu espaço para empresas que desenvolvem

soluções em energia solar, eólica e tecnologias de baterias. Com o mundo cada vez mais consciente da necessidade de transição para fontes de energia renovável, esse setor oferece grandes oportunidades de aplicação. O investimento em práticas ambientais, sociais e de governança (ESG) ganhou destaque nos últimos anos. Empresas que adotam boas práticas de sustentabilidade e responsabilidade social não apenas atraem mais investidores, mas também estão mais bem preparadas para enfrentar desafios futuros. Fundos focados em ESG estão crescendo, e essa tendência indica que investir em empresas comprometidas com práticas sustentáveis pode gerar retornos consistentes no longo prazo.

Saúde e biotecnologia

A pandemia da covid-19 acelerou os avanços na área de saúde, tornando-a de grande interesse para investidores. Inovações em terapias genéticas, tratamentos personalizados e o uso de tecnologia em diagnósticos e monitoramento remoto de pacientes são apenas alguns dos assuntos que têm atraído investimentos significativos.

- ◆ **Saúde digital:** a telemedicina e a popularização dos aparelhos *wearables* e aplicativos de saúde digital estão transformando a forma como recebemos cuidados médicos. Empresas que oferecem soluções inovadoras nessa área têm potencial para um crescimento acelerado nos próximos anos.

Mesmo com uma abundância de informações, identificar as oportunidades mais promissoras requer uma abordagem prática

O conhecimento é a diferença entre andar às cegas, tropeçando em obstáculos invisíveis, e caminhar com confiança, sabendo exatamente para onde se está indo.

CAPITAL INTELIGENTE
@DAVI_RAMOS

e metódica. Aqui estão algumas estratégias para encontrar investimentos interessantes:

1. **Foque setores com crescimento acelerado:** preste atenção nos setores que apresentam crescimento consistente ao longo dos anos, como tecnologia, saúde e energia renovável. Eles são mais propensos a gerar oportunidades de investimento lucrativas.

2. **Observe tendências sociais e econômicas:** as mudanças econômicas e sociais, como o envelhecimento da população, a transição para energias limpas e a digitalização, impactam muitos setores. Identificar essas tendências de longo prazo pode ajudá-lo a prever para onde o capital será direcionado nos próximos anos.

3. **Estude inovação, pesquisa e desenvolvimento:** empresas que investem em pesquisa e desenvolvimento (P&D) tendem a ser líderes de mercado no futuro. Verifique quais empresas estão à frente da inovação e como tais tecnologias podem impactar seus setores de atuação.

4. **Analise o valor de mercado:** a abordagem de investimento em valor, defendida por nomes como Warren Buffett, é uma maneira eficaz de identificar empresas que estão subvalorizadas, mas que possuem potencial de crescimento. Avalie os fundamentos da empresa, seu setor e o valor que ela pode oferecer em longo prazo.

5. **Diversifique geograficamente:** as melhores oportunidades nem sempre estão no mercado local. Ao investir em mercados internacionais, como a Ásia ou a Europa, você pode acessar setores e empresas em diferentes estágios de crescimento, diversificando seus riscos e suas oportunidades.

Identificar novas oportunidades de investimento e se manter atualizado sobre as mudanças do mercado são habilidades indispensáveis para qualquer investidor que deseja prosperar. Ao acompanhar tendências emergentes e estar aberto a novas áreas de crescimento, como tecnologia, saúde e sustentabilidade, você aumenta suas chances de encontrar investimentos que podem transformar seu portfólio ao longo do tempo. No entanto, a chave para o sucesso é equilibrar essas novas ideias com sua estratégia de longo prazo, garantindo que sua jornada financeira continue a progredir de maneira estável e consistente.

Acima de tudo, considere que seu conhecimento é seu maior ativo financeiro. Só teme as flutuações do mercado aquele que está despreparado e é pego de surpresa pelas ondas, afinal elas podem até surgir rapidamente, mas, se você estiver observando o mar com atenção, poderá tomar uma atitude antes de ser atingido. Conhecimento, na vida financeira, é sinônimo de segurança e lucro certo; tenha sempre isso em mente.

CULTIVANDO UMA MENTALIDADE FORTE

Conhecimento não serve de nada se você não souber cultivar uma mentalidade forte para lidar com as variações do mercado. Acredito que a principal qualidade dos bons investidores está em sua resiliência. Warren Buffett, por exemplo, não se tornou um dos maiores investidores do mundo por sorte ou acaso. Desde jovem, ele desenvolveu uma mentalidade única em relação ao dinheiro. Enquanto a maioria das pessoas busca ganhos rápidos e imediatos, Buffett sempre olhou para o longo prazo. Ele compreendeu que o verdadeiro poder do dinheiro está em sua capacidade de crescer ao longo do tempo, como uma árvore que se torna mais forte a cada ano.

Os mercados financeiros sempre foram cíclicos, movidos por uma combinação de euforia, pânico, expectativas e incertezas. Esses ciclos são alimentados por fatores econômicos, políticos e psicológicos que, frequentemente, provocam reações em cadeia capazes de abalar o mercado de maneira global. Entender esse movimento cíclico é a chave para desenvolver uma mentalidade resiliente que permitirá a você superar as oscilações do mercado e até mesmo tirar proveito delas.

Ao longo da história, o que aprendemos é que as crises são inevitáveis, passageiras, e, surpreendentemente, oferecem valiosas oportunidades para quem está preparado para enfrentá-las. Desenvolver uma mentalidade resiliente diante dessas oscilações é essencial para alcançar o sucesso financeiro no longo prazo.

Para ilustrar o que estou falando, vamos explorar em detalhes como as grandes crises econômicas – nacionais e internacionais – moldaram o mercado. Vamos compreender como a história se repete e como, mesmo nos momentos mais desafiadores, é possível transformar a adversidade em crescimento.

CRISES INTERNACIONAIS: GRANDES COLAPSOS DOS SÉCULOS XX E XXI

A Grande Depressão (1929)

Essa é, sem dúvida, a mais emblemática crise econômica do século XX e um dos episódios mais dramáticos da história do capitalismo. Tudo começou nos Estados Unidos, em 24 de outubro de 1929, um dia que ficou conhecido como a "Quinta-feira Negra".

Nesse dia, a Bolsa de Valores de Nova York entrou em colapso, resultando em uma queda avassaladora dos preços das ações. Em questão de semanas, o mercado perdeu quase 90% de seu valor, arrastando milhões de americanos para a ruína financeira.

Essa crise não se limitou apenas aos Estados Unidos – ela rapidamente se espalhou pelo mundo, mergulhando economias inteiras em um longo período de recessão. Empresas faliram, bancos fecharam suas portas, e o desemprego atingiu níveis assustadores, com mais de 25% da força de trabalho americana desempregada. Agricultores perderam suas terras, e famílias inteiras foram despejadas de suas casas.

A lição mais valiosa da Grande Depressão é que, apesar do enorme impacto negativo e do longo período de recuperação, o mercado financeiro se restabeleceu. A economia americana começou a se recuperar a partir da implementação do New Deal, um programa de reformas do presidente Franklin D. Roosevelt que estimulou investimentos em infraestrutura e programas sociais. Décadas depois, o mercado de ações atingiu novos patamares, recompensando os poucos investidores que mantiveram a paciência e resistiram ao pânico.

Crise do petróleo (1973)

Nos anos 1970, o mundo enfrentou outra crise devastadora, dessa vez causada por um embargo de petróleo imposto pelos países membros da Organização dos Países Exportadores de Petróleo (OPEP). Esse embargo foi uma resposta ao apoio ocidental a Israel durante a Guerra do Yom Kippur. De repente, o preço do barril de petróleo quadruplicou, atingindo as economias ocidentais de modo brutal. Na época, os países desenvolvidos eram extremamente dependentes do petróleo para abastecer suas indústrias e manter suas economias funcionando.

Nos Estados Unidos, a bolsa de valores sofreu uma grande queda, com o índice Dow Jones despencando cerca de 45% entre 1973 e 1974. Além disso, o aumento do preço da energia resultou em inflação descontrolada, ao mesmo tempo que o crescimento econômico estagnou – uma combinação conhecida como "estagflação", um dos fenômenos econômicos mais temidos por economistas e investidores.

Para os investidores daquela época, foi um período de incerteza e perdas significativas. No entanto, à medida que os governos se adaptaram à crise e buscaram alternativas energéticas, o mercado começou a se recuperar. As lições da crise do petróleo reforçam a importância de se adaptar às mudanças globais e estar preparado para ajustes na estratégia de investimento diante de eventos inesperados.

Bolha da internet (2000)

No final da década de 1990, o mercado financeiro foi tomado por uma euforia em relação às empresas de tecnologia e internet. Era a época da "nova economia", quando tudo que era associado à internet parecia ser uma oportunidade infalível de investimento. O índice Nasdaq, que concentra empresas de tecnologia, subiu de maneira impressionante, e milhares de investidores, tanto grandes quanto pequenos, passaram a apostar em startups que muitas vezes não tinham lucro, receita ou mesmo um modelo de negócio sustentável.

Em 2000, a bolha estourou. Em questão de meses, o índice Nasdaq caiu quase 80%, e muitas das empresas promissoras que tinham entrado em operação durante o boom simplesmente desapareceram. Investidores que haviam colocado suas economias nessas empresas perderam fortunas, e o mercado levou anos para se recuperar.

No entanto, essa crise também abriu caminho para o surgimento de gigantes que souberam navegar pela tempestade, como Amazon e eBay. Quem investiu nessas empresas durante os momentos mais críticos da crise foi amplamente recompensado nos anos seguintes, mostrando que, mesmo em meio ao caos, existem oportunidades para quem mantém uma visão de longo prazo.

Crise financeira global (2008)

A crise financeira de 2008, desencadeada pelo colapso do mercado imobiliário dos Estados Unidos e pelo colapso das hipotecas subprime, foi um dos momentos mais críticos para o sistema financeiro global desde a Grande Depressão. Importantes instituições financeiras, como a Lehman Brothers, faliram, e o índice Standard & Poors 500 (S&P 500) caiu mais de 50%, levando à perda de trilhões de dólares em valor de mercado.

O pânico se espalhou pelo mundo. Bancos deixaram de emprestar, o crédito secou, e a confiança no sistema financeiro foi profundamente abalada. No entanto, a intervenção dos governos e dos bancos centrais, com pacotes de resgate e estímulos fiscais, ajudou a impedir um colapso total do sistema.

Os investidores que mantiveram a calma e continuaram investindo durante a crise foram recompensados. A partir de 2009, o mercado começou a se recuperar e entrou em uma das mais longas e consistentes tendências de alta da história, mostrando que, mesmo após os piores momentos, há sempre uma luz no fim do túnel para quem consegue manter a resiliência.

CRISES NO BRASIL: RESILIÊNCIA EM UM MERCADO VOLÁTIL

Crise da dívida externa (1980)

Nos anos 1980, o Brasil foi atingido por uma das piores crises de sua história, devido ao aumento das taxas de juros internacionais e ao choque do petróleo. Com uma dívida externa gigantesca e incapaz de honrar seus compromissos, o país entrou em um ciclo de hiperinflação, desvalorização da moeda e estagnação econômica.

Foi um período de incerteza e sofrimento, mas também de aprendizado. À medida que o Brasil reestruturava sua dívida e implementava reformas, o mercado começou a apresentar oportunidades de investimento, especialmente para quem soube identificar ativos subvalorizados durante a crise.

Plano Collor (1990)

O Plano Collor de 1990 foi um dos momentos mais traumáticos da economia brasileira. O confisco da poupança e dos depósitos bancários como parte das medidas para controlar a hiperinflação gerou pânico e incerteza. Muitas pessoas perderam suas economias da noite para o dia, e o país entrou em um período de retração econômica.

Ainda assim, o Plano Collor foi um divisor de águas que levou à implementação do Plano Real em 1994, que finalmente trouxe estabilidade econômica ao Brasil. Para os investidores que resistiram, o crescimento do mercado de capitais brasileiro na sequência trouxe oportunidades únicas.

Crise de 2014-2016 e a recessão brasileira

Entre 2014 e 2016, o Brasil enfrentou sua pior recessão em décadas, combinada com uma crise política e escândalos de corrupção que culminaram no impeachment da presidente Dilma Rousseff. A economia brasileira encolheu mais de 7% no período, e o mercado de ações sofreu grandes perdas.

No entanto, em 2017, o mercado de ações brasileiro, liderado pelo Ibovespa, começou a se recuperar, impulsionado por reformas econômicas e uma retomada do crescimento global. Mais uma vez, o investidor resiliente foi recompensado por sua paciência.

OUTROS MOMENTOS DE ESTRESSE NO BRASIL: JOESLEY DAY, GREVE DOS CAMINHONEIROS E A PANDEMIA DE COVID-19

Joesley Day (2017)

Em 17 de maio de 2017, o mercado brasileiro enfrentou um de seus momentos de maior turbulência, dia que foi batizado de "Joesley Day". O evento foi desencadeado pela divulgação de gravações secretas feitas pelo empresário Joesley Batista, um dos controladores do grupo JBS, que envolviam o então presidente Michel Temer em um suposto esquema de corrupção. A notícia caiu como uma bomba no cenário político e econômico do país, gerando pânico entre os investidores.

O impacto foi imediato: o Ibovespa, principal índice da bolsa de valores brasileira, despencou quase 10% em um único dia, acionando o chamado "circuit breaker", um mecanismo que interrompe as negociações temporariamente para evitar quedas ainda mais bruscas. Além disso, o dólar disparou e os juros futuros subiram, refletindo o aumento da instabilidade e do risco político no país.

Para muitos, esse foi um momento de pânico e incerteza. No entanto, os investidores que conseguiram manter a calma e a visão de longo prazo tiveram uma grande oportunidade de compra. Nos meses seguintes, o mercado se estabilizou, e o Ibovespa voltou a subir, recompensando aqueles que não cederam ao medo.

Greve dos caminhoneiros (2018)

Em maio de 2018, o Brasil foi paralisado por uma greve nacional dos caminhoneiros que durou onze dias. O movimento, que começou como um protesto contra o aumento do preço dos combustíveis, rapidamente se transformou em uma crise que afetou toda a economia do país. A paralisação dos caminhoneiros causou uma série de impactos negativos: desabastecimento de supermercados, falta de combustíveis nos postos, interrupção de atividades industriais e prejuízos significativos para diversos setores.

O Ibovespa refletiu a incerteza e a gravidade da situação, registrando quedas expressivas durante o período. Investidores temiam que a greve pudesse desencadear uma crise econômica mais profunda, e houve uma corrida para a venda de ativos, especialmente ações de empresas mais dependentes de logística e transporte.

No entanto, assim como no Joesley Day, o mercado se recuperou rapidamente após o fim da greve, e as empresas que conseguiram se adaptar à situação mostraram resiliência. Mais uma vez, a paciência e a capacidade de manter o foco em uma visão de longo prazo foram recompensadas, e aqueles que aproveitaram o momento para comprar ações a preços mais baixos tiveram excelentes retornos posteriormente.

Pandemia de covid-19 (2020)

Nenhum evento recente teve um impacto tão global e profundo quanto a pandemia de covid-19. No Brasil, assim como em todo o mundo, o mercado entrou em pânico em março de 2020, quando o vírus SARS-CoV-2 se espalhou rapidamente e governos começaram a implementar medidas de isolamento social e lockdowns para conter a disseminação da doença. O Ibovespa sofreu uma queda histórica, caindo mais de 50% em poucas semanas, e os *circuit breakers* foram acionados diversas vezes em um curto período, algo que não acontecia com tanta frequência desde a crise de 2008.

Empresas de diversos setores, especialmente as ligadas ao turismo, à aviação e ao varejo, viram o valor de suas ações despencar, enquanto a incerteza sobre a gravidade e a duração da pandemia aumentava. O real se desvalorizou significativamente em relação ao dólar, e a economia entrou em recessão.

No entanto, ao longo dos meses seguintes, os mercados começaram a se recuperar, impulsionados por pacotes de estímulo fiscal e monetário de governos ao redor do mundo, além de avanços no desenvolvimento de vacinas contra a covid-19. O Ibovespa conseguiu recuperar boa parte das perdas até o final de 2020, e muitas empresas, especialmente as ligadas à tecnologia e ao comércio eletrônico, experimentaram um crescimento extraordinário, refletindo as mudanças nos hábitos de consumo durante a pandemia.

Para os investidores que mantiveram a calma e enxergaram a crise como uma oportunidade, a pandemia de covid-19 reforçou uma lição valiosa: mesmo nas piores crises, há espaço para quem consegue permanecer com resiliência e disciplina.

Esses momentos de estresse no Brasil – o Joesley Day, a greve dos caminhoneiros e a pandemia de covid-19 – demonstram que a resiliência é uma das habilidades mais importantes que um investidor pode desenvolver. Priorizar a calma e continuar investindo durante períodos de incerteza e volatilidade é o que diferencia um investidor bem-sucedido de alguém que desiste no momento mais crítico.

A história mostra que crises e momentos de pânico são inevitáveis, mas o mercado sempre encontra uma maneira de se recuperar e continuar crescendo. Aqueles que conseguem manter a disciplina, enxergar além do caos momentâneo e aproveitar as oportunidades de compra que surgem durante as quedas são recompensados com retornos significativos no longo prazo.

Enfrentar crises e oscilações de mercado faz parte da jornada de todo investidor. Embora as crises possam ser assustadoras no curto prazo, elas sempre passam, e o mercado tende a se recuperar e alcançar novos patamares.

A mente humana é como um jardim; tudo o que semeamos nela cresce e floresce, determinando como pensamos, enxergamos o mundo e nos comportamos nele. Um estudo realizado pela Universidade Stanford mostrou que pessoas com uma mentalidade positiva e de crescimento têm significativamente mais sucesso na vida pessoal e profissional, pois acreditam que suas habilidades podem ser desenvolvidas através de dedicação e aprendizado contínuo.[16] Se você plantar sementes de medo, dúvida e escassez, é exatamente isso que crescerá em seu jardim; porém, se cultivar pensamentos de abundância, conhecimento e atitude positiva, o resultado será uma vida mais próspera, equilibrada e realizada.

Muitas pessoas, ao pensarem em finanças, associam imediatamente o tema ao dinheiro em si – cifras, contas, investimentos, ações práticas de pagar ou receber, mas a realidade é que a jornada rumo à liberdade financeira começa muito antes de abrir sua primeira conta de investimentos ou poupar o seu primeiro centavo. Ela começa na mente.

Talvez você já tenha ouvido a frase "dinheiro atrai dinheiro", mas acredito que o que realmente atrai riqueza não é o dinheiro em si, e sim a mentalidade e os hábitos que você desenvolve em relação a ele. Este capítulo é um convite para que você examine, de maneira honesta e profunda, o que está plantando em seu jardim mental.

Se você acredita que o dinheiro é algo que só pertence a um grupo seleto de pessoas, a uma elite inatingível, seu subconsciente começará a criar barreiras que impedirão seu progresso. É como se você estivesse constantemente tentando atravessar uma porta trancada: em sua mente, você acredita que não faz parte do grupo possuidor do dinheiro e se separa da possibilidade de ele existir em sua vida. Por isso estou aqui, para mudar sua maneira de enxergar o dinheiro; pois, ao começar a vê-lo como uma

---

16   DWECK, C. S. **Mindset**: a nova psicologia do sucesso. Rio de Janeiro: Objetiva, 2006.

ferramenta que pode ser aprendida, dominada e utilizada para alcançar seus objetivos, a porta se abrirá.

Entenda que o dinheiro, em essência, é neutro, não é bom nem ruim, não é moral nem imoral; é simplesmente um recurso, assim como o tempo ou a energia. O que de fato faz a diferença é a maneira como você se relaciona com ele.

Uma das frases mais famosas de Buffett é: "Eu sempre soube que seria rico. Não acho que alguma vez duvidei disso por um minuto".[17] Mas essa confiança não veio de um otimismo cego, e sim de uma profunda convicção sobre os hábitos que cultivou: mentalidade, paciência, conhecimento e uma visão clara do que queria alcançar.

Ao investir em empresas sólidas e manter seu foco no longo prazo, Buffett provou que o conhecimento e a paciência são, de fato, os ingredientes principais para o sucesso financeiro, e é justamente esse sentimento e essa mentalidade que espero ter despertado em você durante este capítulo.

---

17 SILVA, L. 15 frases que ajudam a entender a mente de Warren Buffett. **InfoMoney**, 2015. Disponível em: https://www.infomoney.com.br/onde-investir/15-frases-que-ajudam-a-entender-a-mente-de-warren-buffett/. Acesso em: 13 maio 2025.

Warren Buffett e Benjamin Graham – A sabedoria do investimento em valor

O investidor estadunidense Warren Buffett, conhecido como o "Oráculo de Omaha", é frequentemente aclamado como um dos maiores investidores de todos os tempos. Ao contrário do que se possa pensar, sua genialidade não surgiu do nada ou como um dom natural. Ela foi moldada pelo que aprendeu de Benjamin Graham, que muitos consideram o pai do investimento em valor. A abordagem que Buffett adotou ao longo de sua carreira é, em grande parte, um reflexo da filosofia de Graham, mas com um toque único que Buffett desenvolveu com o tempo.

Graham acreditava que o mercado muitas vezes era movido por emoções – sobretudo o medo e a ganância – e que, por conta disso, as ações frequentemente eram subvalorizadas ou supervalorizadas. Ele via o mercado como um "Senhor Mercado" temperamental, que vendia suas ações ora por muito menos do que valiam, ora por preços absurdamente altos. A grande sacada, para ele, era comprar ações de empresas que estavam sendo negociadas por menos do que seu valor intrínseco, garantindo uma "margem de segurança".

Warren Buffett absorveu essa lição como poucos, mas a aprimorou ao longo do tempo. Enquanto Graham focava principalmente os números e os balanços, Buffet começou a dar mais importância ao que estava por trás desses números: a qualidade da gestão, a marca e a capacidade de inovação. Para Buffett, não bastava que a empresa estivesse subvalorizada; ela precisava ter potencial para crescer e ser uma líder em seu setor.

Aqui vemos a diferença entre o mestre e seu aluno: Graham era o analista cuidadoso que olhava para a segurança dos números, enquanto Buffett transformou o investimento em valor em uma forma de parceria com empresas que ele realmente admirava e nas quais acreditava. É como se Graham fosse o arquiteto que desenhou os planos e Buffett fosse o engenheiro que construiu o prédio com esses planos, mas adicionando seus próprios toques.

A lição aqui é clara: combine o rigor analítico de Graham com a visão de longo prazo e a crença no potencial de crescimento que Buffett demonstrou. Não se trata apenas de encontrar barganhas, mas de encontrar negócios que você realmente quer acompanhar por muitos e muitos anos.

04

ATITUDE – O COMBUSTÍVEL PARA AGIR

Conhecimento sem ação é apenas informação vazia. Eu gosto de dizer isso a meus clientes desde nosso primeiro encontro, porque vejo diariamente pessoas com um vasto conhecimento teórico, mas que ainda enfrentam dificuldades financeiras sérias. Por quê? Por falta de atitude. A atitude é o que transforma teoria em realidade palpável, e é exatamente isso que pretendo inspirar em você neste capítulo.

Quando falo em atitude, me refiro à decisão consciente e ativa de aplicar o conhecimento adquirido. Atitude é a disposição de agir consistentemente em direção aos objetivos financeiros, em especial quando o cenário não é claro ou confortável. Muitos têm conhecimento, mas poucos angariam a atitude necessária para agir sob pressão ou diante da incerteza.

Eu costumo contar a meus clientes a história de dois irmãos que atendemos em nossa assessoria de investimentos. Ambos tinham acesso à mesma educação financeira, frequentavam os mesmos cursos, liam os mesmos livros e participavam das mesmas mentorias comigo. Entretanto, seus resultados eram completamente diferentes. Um deles prosperava, acumulava patrimônio e vivia com tranquilidade financeira. O outro permanecia estagnado, com bons planos no papel, mas pouca execução prática. A diferença? Atitude.

No mundo financeiro, atitude significa dar o primeiro passo, mesmo sem garantias. É diversificar investimentos de modo inteligente, mesmo quando o mercado parece turbulento. É assumir riscos calculados, entendendo que segurança absoluta não existe, mas que a falta de ação certamente levará ao fracasso financeiro.

John Bogle (1929-2019), fundador da gestora Vanguard e pioneiro dos fundos de índice, sempre defendeu que o segredo para a riqueza não está na tentativa frenética de prever cada movimento do mercado, mas na atitude consistente de investir com regularidade, simplicidade e disciplina. Estou em total acordo com essa filosofia. Aliás, é exatamente essa abordagem que recomendo a meus clientes na Vante Invest. Não encorajamos previsões complexas ou estratégias mirabolantes; nosso foco é criar uma rotina de investimentos disciplinada, diversificada e constante. Essa é a atitude que realmente constrói riqueza no longo prazo.

Por que a atitude é tão difícil para muitos? Em uma palavra: medo. O medo de perder dinheiro, o medo de errar, o medo da crítica. A procrastinação financeira surge justamente da falta de atitude para enfrentar esses medos. Sempre reforço para meus clientes: o erro faz parte do processo de aprendizado, mas a inércia é fatal.

Vamos ilustrar isso com o caso de uma cliente minha, Mariana. Na época, ela tinha um ótimo emprego e renda elevada, mas durante anos adiou a decisão de começar a investir por puro medo de errar. Um dia, durante uma conversa franca, perguntei diretamente: "Mariana, qual é o custo dessa inação? Quanto você já perdeu em oportunidades apenas por não agir?". Aquela conversa foi um divisor de águas. A atitude que faltava surgiu quando ela percebeu que a inércia era mais arriscada do que qualquer investimento bem-planejado.

Você deve estar se perguntando como desenvolver uma atitude financeira vencedora. Apresento, a seguir, alguns passos fundamentais para quem quer dar o próximo passo e sair da estagnação.

1. **Defina claramente seus objetivos:** sem metas claras, é impossível agir de modo consistente. Pergunte-se qual realmente é seu desejo: independência financeira, segurança para sua família, liberdade para viajar? Objetivos claros geram atitudes consistentes.

2. **Adote uma estratégia simples e replicável:** não busque complexidade. Como John Bogle ensinou, investir não precisa ser sofisticado para ser eficiente. Uma carteira diversificada com fundos indexados pode ser mais do que suficiente.

3. **Tenha disciplina e regularidade:** estabeleça datas fixas para investir, revisar seu portfólio e ajustar sua estratégia. A atitude de investir com certa regularidade, independentemente das oscilações de curto prazo, gera resultados consistentes.

4. **Enfrente seus medos com informação:** a maioria dos medos financeiros desaparece quando você entende claramente o que está fazendo. Conhecimento profundo aliado à atitude proativa é o que cria confiança real.

5. **Cerque-se das pessoas certas:** ter um grupo de apoio com mentalidade semelhante facilita muito a tarefa de manter a atitude correta. Busque ambientes e comunidades que estimulem ação e crescimento constante.

Esses passos são exatamente os que aplico com meus clientes, e os resultados são incontestáveis. Lembre-se sempre: você não precisa acertar todas as decisões, mas precisa decidir constantemente. O grande diferencial não está em prever o futuro, mas em agir com constância no presente.

Para reforçar a importância da atitude prática, quero trazer à luz um estudo sobre a "regra dos cinco segundos", criada pela autora estadunidense Mel Robbins. Em seu livro *O poder dos 5 segundos*,[18] Robbins demonstra como uma simples contagem regressiva pode ajudar a quebrar padrões de procrastinação e estimular ações imediatas. Segundo ela, nosso cérebro naturalmente tenta nos proteger de riscos e desconfortos, resultando em hesitação e procrastinação. Robbins propõe que, ao contar regressivamente de cinco até um, nós "enganamos" nosso cérebro e impulsionamos uma ação imediata antes que nossos medos e nossas dúvidas nos impeçam de agir.

Essa técnica simples, mas poderosa, pode ser aplicada diretamente às decisões financeiras. Quando você sentir hesitação em investir, reequilibrar seu portfólio ou enfrentar qualquer desafio financeiro, utilize essa contagem regressiva para desencadear a ação necessária.

Um dos casos mais marcantes que acompanhei foi o de Carlos, um executivo que sempre teve medo de perder dinheiro no mercado. Após adotarmos essa abordagem simples, disciplinada e cheia de atitude, ele não só acumulou patrimônio, como

---

18 ROBBINS, M. **O poder dos 5 segundos**: saia do piloto automático, transforme sua vida, seu trabalho e sua autoconfiança agora! São Paulo: Astral Cultural, 2019.

também ganhou confiança para tomar decisões estratégicas em outros aspectos da vida.

É essencial que você compreenda que o investimento mais importante é aquele que você faz em si mesmo, cultivando a atitude certa para agir com consistência. Este método que estou compartilhando não é apenas teórico; ele é fruto de anos de prática com centenas de clientes. O sucesso que observei nesses casos veio da combinação poderosa entre conhecimento sólido e uma atitude consistente e disciplinada.

Portanto, assuma agora mesmo essa postura ativa e comprometida. Você já possui as ferramentas necessárias; basta girar a chave e ligar o motor da ação!

A prosperidade está à espera, mas exige que você dê o primeiro passo. Sua atitude hoje define o futuro financeiro que você colherá amanhã. Vamos juntos agir com coragem e determinação, construindo um caminho sólido para a liberdade financeira.

05

PLANEJAMENTO – DESENHANDO SEU MAPA FINANCEIRO

Nos capítulos anteriores, exploramos os primeiros dois pilares do conceito CAPITAL: Conhecimento e Atitude. Eles são como as raízes de uma grande árvore, alimentando e sustentando toda sua jornada financeira. Agora, avançamos para o próximo pilar, que representa o tronco: Planejamento. Ele é quem vai transformar suas ideias e seu entusiasmo em ações concretas, capazes de construir a riqueza que você deseja.

Enquanto o Conhecimento e a Atitude preparam você para a jornada, o Planejamento mostra o caminho e fornece as ferramentas necessárias para percorrê-lo. Sem um plano claro e a capacidade de multiplicar o próprio dinheiro por meio de investimentos conscientes, mesmo o mais motivado dos indivíduos pode acabar vagando sem direção.

Imagine a preparação para uma grande viagem. Você não sairia de casa sem saber para onde está indo, certo? Do mesmo modo, sua jornada financeira precisa de um mapa e de uma direção.

Acredita-se que Peter Lynch, um dos maiores investidores de todos os tempos, uma vez disse: "Saber o que você possui e por que você o possui é a base de todo investimento". Isso significa que, antes de tomar qualquer decisão financeira, é crucial ter uma compreensão clara de seus objetivos e de como você pretende alcançá-los. É por meio do planejamento que você consegue transformar sonhos em metas concretas, desenhando um caminho claro para atingi-los.

Na minha experiência profissional como especialista em investimentos e fundador da Vante Invest, sempre ressalto a meus clientes que planejamento é mais do que apenas uma estratégia financeira; é o alinhamento consciente entre objetivos, realidade atual e ações futuras. Um planejamento sólido leva tempo para ser desenvolvido, geralmente entre três e seis meses, dependendo da complexidade patrimonial e dos objetivos financeiros estabelecidos.

Para ilustrar a importância do planejamento detalhado, quero compartilhar um caso marcante de um de meus clientes, Marcos, um fazendeiro que possuía um patrimônio próximo a 1 bilhão de reais, mas estava vivendo de maneira completamente desorganizada. Marcos tinha diversos imóveis rurais, residenciais e comerciais, participação em negócios agropecuários e investimentos financeiros diversos, mas não tinha clareza do valor real de seu patrimônio nem da exposição a riscos fiscais e sucessórios.

Nosso trabalho começou com um levantamento detalhado e exaustivo de todo o patrimônio de Marcos. Mapeamos cada ativo e passivo, analisamos contratos, imóveis, investimentos e dívidas. Essa etapa levou aproximadamente dois meses e foi crucial para gerar clareza. A partir daí, estruturamos um plano estratégico completo, criando uma holding patrimonial para concentrar seus bens.

Com a holding, conseguimos não apenas organizar o patrimônio, mas também reduzir significativamente os impostos pagos por meio de uma gestão fiscal mais eficiente e inteligente. Além disso, simplificamos a gestão dos bens, melhorando o controle financeiro e ampliando sua segurança patrimonial. A estruturação da holding também foi fundamental para organizar a sucessão familiar, evitando possíveis conflitos futuros e garantindo que o patrimônio permaneça protegido e sustentável por gerações.

Esse exemplo reforça minha convicção de que planejamento é a chave para um futuro financeiro estável e seguro. É por isso que sempre recomendo a meus clientes que adotem um planejamento estruturado e detalhado desde cedo.

John Bogle, criador dos fundos de índice, foi um grande defensor da diversificação como meio principal para minimizar perdas. Ele argumentava que, ao diversificarmos investimentos, reduzimos riscos e garantimos retornos mais consistentes ao longo do tempo. Concordo plenamente com essa visão, entretanto gosto de destacar um contraponto importante: diversificação sem planejamento pode levar a dispersão e baixa eficiência. Vejo frequentemente investidores que possuem inúmeros investimentos diferentes, mas sem coerência ou objetivos claros. A verdadeira diversificação só funciona se for acompanhada por um planejamento consistente e alinhado com objetivos específicos.

Para ajudá-lo a estruturar seu planejamento, você encontrará a seguir uma planilha prática que desenvolvi e utilizo com meus clientes na Vante Invest, especialmente voltada para acompanhamento mensal das finanças pessoais e familiares; ela inclui:

- Controle mensal de receitas e despesas;
- Análise detalhada de gastos por categorias (moradia, saúde, lazer, educação etc.);
- Metas mensais e anuais de economia;
- Monitoramento contínuo de seus objetivos financeiros de curto prazo.

		JAN	FEV	MAR	ABR	MAI	JUN	JUL	AGO	SET	OUT	NOV	DEZ
		Valor	Valor	Valor	Valor	Valor	Valor	Valor	Valor	Valor	Valor	Valor	Valor
RECEITAS	Salário												
	Aluguel												
	Pensão												
	Horas Extras												
	13° Salário												
	Férias												
	Outros												
	Total	R$	R$	R$	R$	R$	R$	R$	R$	R$	R$	R$	R$
INVESTIMENTOS Insira aqui o montante mensal que você destinará a seus investimentos	Ações												
	Tesouro Direto												
	Renda fixa												
	Previdência privada												
	Outros												
	Total	R$	R$	R$	R$	R$	R$	R$	R$	R$	R$	R$	R$
	% sobre Receita	%	%	%	%	%	%	%	%	%	%	%	%
DESPESAS													
FIXAS Aquelas que têm o mesmo montante mensalmente	Habitação — Aluguel												
	Habitação — Condomínio												
	Habitação — Prestação da casa												
	Habitação — Seguro da casa												
	Habitação — Diarista												
	Habitação — Mensalista												
	Transporte — Prestação do carro												
	Transporte — Seguro do carro												
	Transporte — Estacionamento												
	Saúde — Seguro saúde												
	Saúde — Plano de saúde												
	Educação — Colégio												
	Educação — Faculdade												
	Educação — Curso												
	Impostos — IPTU												
	Impostos — IPVA												
	Outros — Seguro de vida												
	Total despesas fixas	R$	R$	R$	R$	R$	R$	R$	R$	R$	R$	R$	R$
	% sobre Receita	%	%	%	%	%	%	%	%	%	%	%	%
VARIÁVEIS Aquelas que acontecem todos os meses mas podemos tentar reduzir	Habitação — Luz												
	Habitação — Água												
	Habitação — Telefone												
	Habitação — Telefone Celular												
	Habitação — Gás												
	Habitação — Mensalidade TV												

			JAN	FEV	MAR	ABR	MAI	JUN	JUL	AGO	SET	OUT	NOV	DEZ
			Valor	Valor	Valor	Valor	Valor	Valor	Valor	Valor	Valor	Valor	Valor	Valor
VARIÁVEIS Aquelas que acontecem todos os meses mas podemos tentar reduzir	Transporte	Metrô												
		Ônibus												
		Combustível												
		Estacionamento												
	Alimentação	Supermercado												
		Feira												
		Padaria												
	Saúde	Medicamentos												
	Cuidados pessoais	Cabeleireiro												
		Manicure												
		Esteticista												
		Academia												
		Clube												
	Total despesas fixas		R$	R$	R$	R$	R$	R$	R$	R$	R$	R$	R$	R$
	% sobre Receita		%	%	%	%	%	%	%	%	%	%	%	%
EXTRAS São as despesas extraordinárias, para as quais precisamos estar preparados quando acontecerem	Saúde	Médico												
		Dentista												
		Hospital												
	Manutenção/ prevenção	Carro												
		Casa												
	Educação	Material escolar												
		Uniforme												
	Total despesas fixas		R$	R$	R$	R$	R$	R$	R$	R$	R$	R$	R$	R$
	% sobre Receita		%	%	%	%	%	%	%	%	%	%	%	%
ADICIONAIS Aquelas que não precisam acontecer todos os meses	Lazer	Viagens												
		Cinema/teatro												
		Restaurantes/bares												
		Plataformas de streaming												
	Vestuário	Roupas												
		Calçados												
		Acessórios												
	Outros	Presentes												
	Total despesas fixas		R$	R$	R$	R$	R$	R$	R$	R$	R$	R$	R$	R$
	% sobre Receita		%	%	%	%	%	%	%	%	%	%	%	%
SALDO		Receita	R$	R$	R$	R$	R$	R$	R$	R$	R$	R$	R$	R$
		Investimentos	R$	R$	R$	R$	R$	R$	R$	R$	R$	R$	R$	R$
		Despesas fixas	R$	R$	R$	R$	R$	R$	R$	R$	R$	R$	R$	R$
		Despesas variáveis	R$	R$	R$	R$	R$	R$	R$	R$	R$	R$	R$	R$
		Despesas extras	R$	R$	R$	R$	R$	R$	R$	R$	R$	R$	R$	R$
		Despesas adicionais	R$	R$	R$	R$	R$	R$	R$	R$	R$	R$	R$	R$
		Saldo	R$	R$	R$	R$	R$	R$	R$	R$	R$	R$	R$	R$

PASSOS PARA UM PLANEJAMENTO SÓLIDO

Planejar é como desenhar o projeto de uma ponte entre o lugar onde você está hoje e onde deseja chegar. Para isso, é preciso considerar vários fatores.

Aponte a câmera de seu celular para o QR code a seguir e faça o download da planilha.

https://drive.google.com/drive/folders/1PqtJASPSMkrn8O9LmkyebT5Nydx6GoHK

1. **Defina claramente seus objetivos:** seus objetivos financeiros precisam ser específicos, mensuráveis, alcançáveis, relevantes e temporais, como orienta a metodologia SMART. Isso ajuda a criar um mapa claro do que se deseja alcançar. É fundamental ter clareza de onde você quer chegar. Quer comprar uma casa? Pagar a faculdade dos seus filhos? Aposentar-se mais cedo? Quanto mais específicos forem seus objetivos, mais fácil será traçar um caminho para atingi-los. Pense em seus objetivos como destinos em seu mapa financeiro e faça uma lista em ordem de prioridade entre eles.

2. **Analise detalhadamente sua situação atual:** faça um levantamento completo de todos seus ativos e passivos, entendendo claramente sua posição financeira hoje.

3. **Conheça seu perfil e sua tolerância ao risco:** identifique claramente se você é conservador, moderado ou arrojado. Essa clareza ajuda na escolha correta dos investimentos, já que cada pessoa tem uma tolerância diferente ao risco. Conhecer seu perfil — vou ajudá-lo a fazer isso no próximo capítulo — é como entender seu veículo de viagem - um carro confortável que segue com calma ou uma moto veloz que chega mais rápido, mas com mais riscos ao longo do caminho.

4. **Crie uma estratégia diversificada e estruturada:** diversifique, mas com coerência e objetivo claro. Não se trata de simplesmente distribuir dinheiro, mas de alinhar cada investimento a seus objetivos específicos. Diversificação é uma das estratégias mais eficazes para proteger e aumentar seu patrimônio ao longo do tempo. É como ter um guarda-chuva à mão quando o tempo está incerto: ele não evita a chuva, mas ajuda a protegê-lo em caso de tempestades. Distribuir seu capital em diferentes tipos de investimentos (ações, renda fixa, imóveis etc.) ajuda a equilibrar riscos e a manter sua jornada mais segura.

5. **Revise regularmente seu planejamento:** o planejamento financeiro não é estático. Faça revisões periódicas, ajustando conforme as mudanças de vida e mercado.

Esse método estruturado é o mesmo que utilizo com meus clientes na Vante Invest, e sugiro que você o adote imediatamente. O caso do Marcos mostra com clareza como um planejamento detalhado pode transformar completamente uma situação financeira incerta em uma realidade organizada e próspera.

Planejamento financeiro não é algo apenas para quem já tem dinheiro, é essencial também para quem quer conquistar e manter patrimônio. Um planejamento sólido é seu melhor aliado para alcançar liberdade financeira duradoura e tranquilidade em relação a seu futuro e ao de sua família.

Comece hoje mesmo a traçar seu mapa financeiro. O futuro pertence àqueles que planejam e agem com disciplina e estratégia.

06

INVESTIMENTO – FAZENDO SEU DINHEIRO TRABALHAR POR VOCÊ

Se o planejamento é o mapa, o investimento é o veículo que o levará a seus objetivos. É por meio dele que o dinheiro deixa de ser apenas uma ferramenta e passa a ser um aliado que trabalha para você, multiplicando-se ao longo do tempo.

Para começar a investir, é necessário entender qual é seu perfil de risco. Esse é um ponto crucial para personalizar sua estratégia, pois cada pessoa tem uma tolerância diferente ao risco, e entender seu próprio perfil é essencial para evitar decisões impulsivas, sobretudo durante períodos de volatilidade do mercado.

Os investidores são geralmente categorizados em três perfis principais.

1. **Conservador:** prefere segurança acima de tudo, evitando investimentos de alta volatilidade e optando por ativos mais seguros, como renda fixa ou títulos do governo. Se você sente desconforto ao ver oscilações no valor de seu investimento, pode ser que tenha um perfil mais conservador.

2. **Moderado:** está disposto a correr um pouco mais de risco para buscar retornos maiores, mas ainda mantém uma boa parcela do portfólio em ativos de baixo risco. Esse

3. perfil combina um equilíbrio entre segurança e crescimento, com um foco em diversificação.

Agressivo: tem alta tolerância ao risco e está disposto a enfrentar a volatilidade do mercado em busca de retornos expressivos. Para investidores com esse perfil, ações e ativos de maior risco, como criptomoedas ou startups, podem ser uma parte significativa do portfólio.

Saber em qual desses perfis você se encaixa é fundamental para construir uma carteira de investimentos que seja coerente com suas expectativas e emoções. Lembre-se: não existe perfil certo ou errado. O mais importante é que você esteja confortável com sua estratégia e que ela esteja alinhada com suas metas de vida.

Seja qual for o perfil de investidor traçado, existem pontos fundamentais que são comuns a todos, e é justamente sobre eles que este livro se debruça. Quando falamos de investimentos, há um conceito primordial que se aplica a qualquer perfil, sendo essencial para o sucesso de todos os investidores.

JUROS COMPOSTOS: A OITAVA MARAVILHA DO MUNDO

Já ouviu falar no "efeito dos juros compostos"? É uma das forças mais poderosas do universo financeiro, e Albert Einstein a chamou de "a oitava maravilha do mundo". Os juros compostos nada mais são do que o fenômeno de ganhar dinheiro em cima do dinheiro que você já ganhou. Com o passar do tempo, esse processo se acelera, fazendo com que seu capital cresça exponencialmente.

Imagine que você planta uma pequena semente. No começo, ela parece crescer devagar, quase imperceptivelmente. Com o tempo, ela se transforma em uma árvore forte e frutífera. Da mesma forma, os juros compostos fazem seu dinheiro crescer, ano após ano, cada vez mais rápido.

Para ilustrar, pense que você investe mil reais a uma taxa de 10% ao ano. No primeiro ano, você teria R$ 1.100. No segundo ano, sua base de cálculo seria R$ 1.100, e não mais os mil reais iniciais, resultando em R$ 1.210. Esse efeito é a essência de fazer o dinheiro trabalhar por você.

Philip Fisher (1907-2004), autor do famoso livro *Common Stocks and Uncommon Profits*,[19] acreditava que os melhores retornos vêm de investir em empresas excepcionais e mantê-las por longo prazo, em vez de tentar prever as oscilações do mercado. Ele enfatizava a importância de investir em negócios que você realmente compreende e nos quais acredita.

A exemplo temos Peter Lynch, outro grande investidor, que transformou o fundo Magellan da Fidelity Investments em um dos mais bem-sucedidos da história ao seguir uma filosofia semelhante. Lynch dizia que os investidores devem procurar oportunidades em empresas cujos produtos e serviços fazem parte de sua vida cotidiana – aquelas que você conhece de verdade e entende.

Como profissional de investimentos e fundador da Vante Invest, acredito firmemente que o investimento precisa ser claro, objetivo e personalizado. Muitos clientes chegam até mim com

---

19   FISHER, P. A. **Common Stocks and Uncommon Profits**: and Other Writings. Nova York: Harper Business, 1996. [edição em português: FISHER, P. A. **Ações comuns, lucros extraordinários**: e outras obras de Philip A. Fisher. São Paulo: Benvirá, 2021].

carteiras muito complexas, repletas de ativos que não compreendem totalmente. Nosso primeiro passo é sempre simplificar e ajustar os investimentos ao perfil, aos objetivos e à tolerância ao risco de cada cliente.

Em nossa prática, na Vante Invest, adotamos um processo criterioso: iniciamos com uma conversa detalhada para entender os objetivos e as necessidades do cliente, passamos para a definição precisa do perfil de risco e só então estruturamos uma carteira diversificada e simples de monitorar. Nossa abordagem busca combinar segurança com potencial de crescimento, alinhando investimento ao planejamento financeiro estratégico de cada pessoa.

Um case de sucesso marcante foi o de Juliana, cliente que possuía investimentos pulverizados e sem propósito claro. Após a reestruturação de sua carteira, focamos poucos e bons ativos alinhados a seu perfil moderado e aos objetivos específicos, como aposentadoria antecipada e financiamento dos estudos dos filhos. Em cinco anos, Juliana viu seu patrimônio quase dobrar, reduzindo significativamente a volatilidade e o risco emocional associado a seu portfólio.

Investir é um passo decisivo para construir riqueza duradoura, mas é fundamental lembrar que consistência, clareza e alinhamento com seus objetivos são essenciais. Não se trata somente de escolher investimentos, mas de criar um sistema que suporte sua vida financeira de maneira eficaz e sustentável no longo prazo.

Se você está apenas começando sua jornada de investimentos, não precisa se preocupar em decifrar os mistérios do mercado de ações de uma só vez. A seguir, veja algumas estratégias para ajudá-lo a iniciar de maneira segura e consciente.

1. **Construa um fundo de emergência:** antes de investir em ativos mais arriscados, recomendo fortemente que você estabeleça um fundo de emergência, suficiente para cobrir cerca de seis a doze meses de suas despesas mensais. Para calculá-lo, some todos seus gastos mensais essenciais e multiplique por seis ou doze, dependendo da estabilidade de sua renda. Esse fundo deve ser mantido em ativos de alta liquidez e segurança, como Tesouro Selic ou CDB com liquidez diária. Segundo a pesquisa Raio-X do Investidor Brasileiro, realizada em 2023,[20] cerca de 64% dos brasileiros não possuem sequer 5 mil reais guardados para emergências, destacando a importância crítica dessa reserva.

2. **Comece com renda fixa:** investimentos em renda fixa, como o Tesouro Direto, são ideais para iniciantes ou investidores conservadores. São previsíveis e relativamente seguros. Recomendo começar com pelo menos 100 reais, valor suficiente para acessar o Tesouro Direto. Embora investir diretamente pelo banco seja seguro, corretoras especializadas, como o Banco BTG Pactual ou a XP Investimentos, geralmente oferecem melhores condições, taxas mais baixas e maior variedade de títulos. Minha recomendação é sempre avaliar corretoras reconhecidas e confiáveis.

3. **Explore fundos de índice (*Exchange-Traded Fund* – ETFs):** fundos de índice replicam o desempenho de índices como o Ibovespa. Exemplos populares são o

---

20 ANBIMA. **Raio X do investidor brasileiro**. 2024. Disponível em: https://www.anbima.com.br/pt_br/especial/raio-x-do-investidor-brasileiro.htm. Acesso em: 3 maio 2025.

BOVA11 (ações do Ibovespa), IVVB11 (ações americanas S&P 500) e SMAL11 (ações brasileiras de Small Caps). Em renda fixa, exemplos incluem o LFTS11 (Tesouro Selic), NTNS11 (Tesouro IPCA) e LFTB11 (Tesouro Selic + Tesouro IPCA+). Esses fundos permitem fácil diversificação com custos reduzidos. Para investir, basta adquirir cotas por meio de uma corretora confiável como as citadas anteriormente.

4. Invista em ações de empresas que você conhece: investir em empresas conhecidas facilita a compreensão do investimento. As mais populares incluem ações de Itaú, Ambev, WEG, Petrobras e Vale. Esses exemplos não são recomendações de compra, apenas ilustram empresas que fazem parte do cotidiano da maioria dos brasileiros. Você pode investir de maneira direta pela Bolsa através de uma corretora como o BTG ou a XP e, geralmente, com valores iniciais a partir de 100 reais.

Investir é crucial para construir riqueza duradoura. Seja qual for seu perfil, comece com passos simples, claros e consistentes. O investimento é uma jornada que exige paciência, aprendizado contínuo e disciplina. Investir é, acima de tudo, assumir o controle de seu futuro financeiro. Cada passo que você dá em direção ao investimento consciente e estruturado é um avanço rumo à liberdade financeira e à concretização de seus objetivos pessoais.

Lembre-se sempre de que o sucesso nos investimentos não é uma corrida de velocidade, e sim uma maratona de consistência. A paciência, aliada à disciplina e à estratégia

Entender seu próprio perfil é essencial para evitar decisões impulsivas, especialmente durante períodos de volatilidade do mercado.

CAPITAL INTELIGENTE
@DAVI_RAMOS

correta, é o segredo para fazer seu dinheiro crescer e proporcionar a vida financeira tranquila e próspera que você deseja e merece.

QUANDO REALIZAR LUCROS E AJUSTAR O PORTFÓLIO?

Investir é uma jornada que começa com entusiasmo e determinação, mas saber quando e como terminar essa jornada, ou pelo menos fazer paradas estratégicas, pode ser igualmente desafiador e essencial para alcançar o sucesso financeiro. Muitos investidores se concentram em "quando comprar", mas a verdadeira arte do investimento também envolve saber "quando vender". E é aqui que entra a importância da **estratégia de saída**.

Para o investidor agressivo, acostumado a buscar oportunidades em ativos de maior risco e volatilidade, a estratégia de saída é como um plano de voo que o guia de volta ao porto seguro após uma viagem de exploração. É o momento em que você transforma ganhos potenciais em reais, protege seu patrimônio e se prepara para a próxima etapa de sua jornada financeira.

Uma das armadilhas mais comuns para os investidores é não ter uma visão clara do que querem alcançar. Sem metas definidas, fica fácil se perder em meio às oscilações do mercado, e, muitas vezes, a ideia de "ganhar mais um pouco" acaba por resultar em perdas significativas. Portanto, antes de pensar em vender ou realizar lucros, faça uma pausa e pergunte a si mesmo: *Por que estou investindo?*

Imagine que seu objetivo seja garantir uma aposentadoria confortável. Nesse caso, seu foco estará na construção de uma fonte de renda passiva que possa sustentá-lo por muitos anos. Por outro lado, se seu objetivo for comprar um imóvel ou financiar a educação de seus filhos, você precisará de uma abordagem de saída diferente, mais focada na segurança do capital em prazos específicos.

ESTRATÉGIAS DE SAÍDA PARA AÇÕES E ATIVOS DE CRESCIMENTO

Investir em ações de crescimento e outros ativos voláteis pode ser emocionante, mas também pode ser um terreno traiçoeiro se você não tiver uma estratégia de saída bem-definida. Vejamos algumas abordagens que podem ajudar a transformar seus ganhos em conquistas reais.

- **Realização parcial de lucros – equilibrando ganhos e oportunidades futuras:** imagine que você plantou uma árvore que começou a dar frutos. Você não quer colher tudo de uma vez, mas também não quer deixar que apodreçam no galho. A realização parcial de lucros é exatamente isto: colher alguns frutos enquanto permite que a árvore continue crescendo.

    Se você investiu em uma ação que dobrou de valor, pode vender uma parte, talvez 25% ou 50%, garantindo que uma parcela dos lucros esteja protegida. Essa abordagem é especialmente útil em mercados voláteis, pois você mantém parte da exposição ao potencial de crescimento da empresa, mas também protege uma parcela de seu capital contra possíveis quedas.

- **Definir preços-alvo ou percentuais de lucro – um farol em meio à tempestade:** estabelecer um preço-alvo ou um percentual de lucro para realizar a venda é como ter um farol que guia suas decisões. Por exemplo, você pode decidir que venderá suas ações quando elas atingirem uma valorização de 50% ou 100%. Isso evita que você fique à mercê das emoções do momento, como a euforia de ver uma ação subindo ou o medo de perder os ganhos.

    Imagine que você investiu em uma empresa de tecnologia que cresceu rapidamente, mas começa a mostrar sinais de desaceleração. Ter um preço-alvo definido permite que você realize seus ganhos antes que o mercado ajuste a avaliação da empresa, garantindo que seus lucros não evaporem com uma correção.

- **Acompanhamento de indicadores – decisões baseadas em dados, não em emoções:** o mercado pode ser imprevisível, mas os indicadores financeiros oferecem pistas valiosas sobre quando pode ser o momento certo de realizar lucros. Monitorar métricas como P/L (Preço/Lucro), endividamento da empresa, crescimento dos lucros e até a relação entre o preço da ação e seus fundamentos pode fornecer sinais de quando uma empresa está supervalorizada.

    Por exemplo: se uma ação apresenta um P/L muito acima da média do setor, esse pode ser um sinal de que o mercado está excessivamente otimista e que um ajuste de preço pode estar a caminho. Usar esses indicadores para apoiar suas decisões de venda o ajuda a evitar o efeito manada e agir com racionalidade.

ESTRATÉGIAS DE SAÍDA PARA ATIVOS ILÍQUIDOS COMO PRIVATE EQUITY E IMÓVEIS

Ativos ilíquidos, como private equity e imóveis, exigem uma abordagem ainda mais cuidadosa, pois não oferecem a facilidade de entrada e saída que as ações proporcionam. No entanto, com paciência e uma estratégia bem pensada, você pode colher grandes recompensas.

- **Private equity – navegando em horizontes de longo prazo:** investimentos em private equity são como um casamento – você precisa estar preparado para um compromisso de longo prazo. Geralmente, o retorno só é realizado após anos de crescimento da empresa, por meio de venda, IPO ou nova rodada de financiamento. A chave é acompanhar de perto o desempenho e a evolução do negócio, certificando-se de que ele está no caminho certo.

    Para o investidor, a paciência é mais do que uma virtude – é uma necessidade. Estar preparado para aguardar até que a empresa atinja seu potencial máximo, ou que o mercado esteja em uma fase favorável para venda, é fundamental para maximizar os retornos.

- **Imóveis diretos e fundos imobiliários – a hora certa de colher os frutos:** os imóveis tendem a se valorizar ao longo do tempo, mas também passam por ciclos de alta e baixa. Para quem investe diretamente, vender durante um período de alta do mercado imobiliário pode garantir lucros significativos. No caso dos fundos imobiliários (FIIs), a venda pode ser baseada na valorização das cotas ou na perspectiva de que o setor enfrentará desafios no futuro.

Por exemplo, se você possui cotas de um FII que investe em shoppings e percebe que o setor está entrando em um ciclo de baixa por conta de mudanças no comportamento do consumidor, pode ser um bom momento para vender e realocar o capital em outro fundo ou ativo que ofereça melhores perspectivas.

AJUSTANDO SUA ALOCAÇÃO CONFORME SE APROXIMA DE SUAS METAS

Ao chegar mais perto dos objetivos traçados, é hora de se tornar mais conservador e proteger o que conquistou.

- **Reduzindo a exposição ao risco – a arte de proteger o que foi conquistado:** quando você está a poucos anos de se aposentar ou alcançar um grande objetivo, é prudente começar a reduzir a exposição a ativos de alto risco. Imagine que você conseguiu uma valorização significativa em ações de tecnologia. Pode ser o momento de vender parte dessas ações e transferir o capital para investimentos mais seguros, como títulos de renda fixa ou fundos de menor volatilidade.
- **Aumentando a exposição a ativos de renda – construa sua fonte de renda passiva:** se o objetivo é garantir uma renda passiva durante a aposentadoria, direcionar seu portfólio para ativos que geram renda, como FIIs e ações de empresas que pagam bons dividendos, pode ser a melhor estratégia. Isso garante que, mesmo sem vender ativos, você tenha uma fonte de renda para cobrir suas despesas.

ERROS COMUNS AO REALIZAR LUCROS E COMO EVITÁ-LOS

- **Esperar pela alta perfeita:** a busca pelo "topo" do mercado é ilusória e, muitas vezes, faz com que investidores percam oportunidades de realizar lucros. Lembre-se de que é melhor realizar parte dos lucros em um bom momento do que esperar indefinidamente por um preço perfeito que pode nunca chegar.
- **Ser movido por emoções:** vender por pânico em uma queda ou comprar por ganância em uma alta pode destruir seus retornos. É fundamental agir com base em sua estratégia, e não nas oscilações emocionais que o mercado desperta.
- **Perder o foco nas metas:** nunca perca de vista suas metas financeiras. Realizar lucros ou ajustar o portfólio deve ser uma decisão que o aproxima de seus objetivos, e não uma reação às flutuações do mercado.

A estratégia de saída é o momento em que o investidor transforma anos de planejamento e paciência em resultados concretos. Seja realizando lucros, ajustando sua alocação ou protegendo seu patrimônio, o importante é agir de maneira consciente e alinhada as suas metas financeiras. Assim, você estará pronto para aproveitar os frutos de seu investimento, independentemente dos altos e baixos que o mercado possa trazer no caminho.

Com os quatro primeiros pilares do CAPITAL – Conhecimento, Atitude, Planejamento e Investimento –, você já pode construir uma fundação sólida para alcançar sua liberdade financeira. Eles fornecem a estrutura e as ferramentas necessárias para transformar sua visão em realidade.

Estratégias de grandes investidores: o que podemos aprender com Luiz Barsi, Philip Fisher e John Bogle

Enquanto Buffett e seus contemporâneos focavam a identificação de empresas subvalorizadas ou com grande potencial de crescimento, o brasileiro Luiz Barsi encontrou sua fortuna em algo que muitas vezes é subestimado: os dividendos. Para Barsi, a ideia era simples: investir em empresas sólidas que pagam dividendos consistentes e crescentes, e reinvestir esses dividendos ao longo do tempo. Essa estratégia permitiu que ele construísse uma verdadeira máquina de geração de renda passiva, a ponto de viver confortavelmente apenas dos dividendos que suas ações geravam.

Barsi é um exemplo de que não é necessário correr grandes riscos para alcançar a riqueza. Ele mostrou que a constância, a paciência e o reinvestimento dos lucros podem levar a resultados surpreendentes.

Outro exemplo: enquanto Buffett e Graham estavam focados em encontrar valor nas empresas que o mercado havia ignorado, Philip Fisher trouxe uma nova perspectiva ao buscar o potencial de crescimento. Fisher foi pioneiro na ideia de que o verdadeiro valor de uma empresa não estava apenas em seus números, mas em seu potencial de se reinventar e crescer ao longo do tempo.

Fisher investigava profundamente as empresas, indo além dos balanços e das demonstrações financeiras. Ele queria entender como a empresa tratava seus funcionários, como inovava e qual era sua visão de futuro. Fisher acreditava que investir era quase como se tornar sócio do negócio, o que exige acreditar no futuro da empresa e confiar na capacidade de sua gestão para navegar por desafios.

Peter Lynch, por outro lado, também buscava crescimento, mas de uma forma muito mais simples e prática. Ele é famoso por dizer que o investidor comum pode encontrar excelentes oportunidades simplesmente observando o mundo a seu redor. Se um produto ou serviço estava ganhando popularidade e se destacando no mercado, era uma pista de que a empresa por trás dele poderia ser uma boa oportunidade de investimento.

John Bogle, por outro lado, trouxe ao mundo a simplicidade e a eficácia dos fundos de índice. Enquanto muitos investidores tentavam superar o mercado, Bogle propôs que o investidor comum poderia simplesmente "comprar o mercado" através de fundos de índice, obtendo retornos consistentes com baixo custo e sem a necessidade de escolher ações individuais.

Bogle, Fisher, Lynch, Buffett e Barsi, cada um a sua maneira, nos ensinam que a prosperidade financeira não precisa ser complicada; mas Barsi, com seu foco nos dividendos, e Bogle, com sua abordagem simplificada, mostram que investir pode ser algo bem mais tranquilo do que muitas vezes imaginamos.

A lição deles é que a simplicidade e a constância podem ser tão poderosas quanto as estratégias mais complexas.

07

TEMPO – SEU MAIOR ALIADO NA CONSTRUÇÃO DA RIQUEZA

Nos capítulos anteriores, exploramos os primeiros quatro pilares do método CAPITAL: Conhecimento, Atitude, Planejamento e Investimento. Juntos, esses pilares formam as raízes e o tronco robusto da sua árvore financeira. Agora é hora de explorarmos a copa frondosa e frutífera dessa árvore, composta dos últimos três pilares: Tempo, Autodisciplina e Liquidez. Eles não apenas proporcionam sombra e proteção, mas também oferecem frutos financeiros ao longo da vida.

O tempo é, sem dúvida, um dos elementos mais poderosos e, paradoxalmente, mais subestimados no universo financeiro. É muito comum as pessoas buscarem atalhos e soluções rápidas para alcançar a riqueza, movidas por ansiedade e imediatismo. Vemos isso claramente refletido na cultura financeira do brasileiro; alguns exemplos são o endividamento em jogos de azar, como os cassinos on-line e jogos de aposta, a esperança constante em prêmios da loteria e até o uso indiscriminado do empréstimo do saque-aniversário do FGTS, que promete acesso rápido ao dinheiro em troca de comprometer o futuro financeiro.

Essas buscas por soluções imediatas estão diretamente relacionadas à necessidade constante de dopamina, o neurotransmissor responsável pela sensação de prazer imediato. Muitos brasileiros têm uma relação emocional com o dinheiro que os faz procurar gratificações rápidas e fáceis, mesmo que isso signifique sacrificar o potencial financeiro de longo prazo. Essa mentalidade imediatista gera ciclos de endividamento, frustração financeira e estagnação.

Contudo, é justamente aqui que reside o poder do tempo: ele recompensa aqueles que são capazes de esperar pacientemente e manter uma estratégia constante e disciplinada. Pense no crescimento de uma árvore: uma pequena semente a princípio enfrenta diversas adversidades, mas, com o passar dos anos, torna-se forte, majestosa e frutífera. Assim funciona o seu investimento ao longo do tempo.

Luiz Barsi, reconhecido como o maior investidor individual da bolsa de valores brasileira, é um exemplo emblemático de como o tempo pode ser o maior aliado na construção de riqueza. Nascido em uma família humilde, Barsi iniciou sua jornada financeira com pequenas quantias, investindo pacientemente em empresas sólidas e consistentes pagadoras de dividendos.

Desde cedo, Barsi entendeu uma verdade essencial: a real riqueza não surge rapidamente, é fruto de disciplina e consistência ao longo de décadas. Sua estratégia era clara e direta – selecionar empresas que distribuíssem bons dividendos e reinvestir constantemente esses recursos em novas ações. Para ele, cada dividendo recebido era uma oportunidade adicional de multiplicar seu patrimônio.

A persistência foi fundamental na estratégia de Barsi. Ele não se distraiu com as promessas de ganhos rápidos nem com modismos passageiros do mercado. Pelo contrário, manteve-se firme em seu plano de longo prazo, confiando no crescimento composto dos dividendos ao longo do tempo. Esse poder do tempo e da paciência transformou investimentos modestos em um patrimônio multibilionário.

Hoje, Luiz Barsi vive exclusivamente dos dividendos gerados por suas ações, sem precisar vendê-las, comprovando na prática que tempo e consistência são elementos cruciais para a verdadeira prosperidade financeira. Sua trajetória ensina que o segredo não está na quantia que você começa investindo, mas em quão consistentemente você mantém seu plano ao longo do tempo.

POR QUE O TEMPO É SEU MAIOR ALIADO?

1. **Crescimento exponencial:** quanto mais cedo você começa a investir, mais tempo permite que os juros compostos trabalhem a seu favor. É como se seu dinheiro estivesse ganhando um parceiro que trabalha para você, dia e noite, fazendo-o crescer de modo exponencial. A diferença entre começar a investir aos 20 e aos 30 anos pode resultar em um patrimônio significativamente maior ao final da jornada.

2. **A calma durante as crises:** investidores que pensam no longo prazo não se deixam abalar pelas turbulências momentâneas do mercado. Enquanto muitos entram em pânico e vendem seus ativos durante crises, o investidor de longo prazo vê esses momentos como oportunidades de adquirir ativos de qualidade a preços mais baixos. Ray Dalio, um dos maiores investidores da atualidade, exemplifica essa filosofia mantendo sua visão de longo prazo mesmo nos períodos mais voláteis.

3. A magia da consistência: investir regularmente, ao longo de muitos anos, cria um efeito acumulativo que supera as oscilações do mercado. Mesmo que haja anos de perdas, o tempo se encarrega de diluir esses períodos e de trazer retornos positivos àqueles que se mantêm firmes em sua jornada.

Como especialista em investimentos, sempre destaco a meus clientes que o tempo é a ferramenta mais poderosa que temos para acumular riqueza. Reforço constantemente que não há estratégia financeira que supere a combinação de disciplina, consistência e paciência ao longo dos anos. Trabalho com meus clientes incentivando o hábito da regularidade nos investimentos, independentemente das oscilações do mercado.

Um exemplo prático disso é o caso de meu cliente Eduardo. Durante a pandemia de covid-19, enquanto muitos investidores entravam em pânico e vendiam seus ativos, Eduardo manteve sua estratégia e seguiu investindo regularmente, confiando na análise que realizamos juntos. Resultado: quando o mercado se recuperou, no final de 2020, o patrimônio de Eduardo havia crescido mais de 45% em comparação ao início da pandemia, graças a sua postura resiliente e focada no longo prazo.

Outro caso relevante é o de Mariana, que, ao iniciar cedo seus investimentos, antes mesmo de começar a ser assessorada por mim, viu o efeito dos juros compostos transformar seu modesto aporte mensal em uma soma considerável após quinze anos. Ela entendeu desde o início que o tempo era seu maior aliado e hoje desfruta da segurança financeira que construiu com disciplina e paciência.

Se há um fator que pode nivelar o jogo entre pequenos e grandes investidores, esse fator é o **tempo**. Warren Buffett, um dos maiores investidores da história, já disse que seu horizonte de tempo preferido para um investimento é "para sempre". Isso não significa que você deva manter todos seus investimentos indefinidamente, mas que, quanto mais tempo você der para o mercado trabalhar, maiores serão seus retornos.

O tempo tem o poder de transformar pequenos aportes em grandes somas, graças ao efeito dos juros compostos, como vimos no capítulo anterior. Para relembrar: quando você investe e recebe retornos sobre seu capital, esses retornos geram novos rendimentos no próximo ciclo. Esse processo se repete ao longo do tempo, gerando um crescimento exponencial.

O grande desafio dos juros compostos é que eles exigem paciência. Muitas vezes, os primeiros anos de investimento podem parecer lentos; mas, à medida que o tempo passa, o crescimento se acelera. E é por isso que começar a investir o quanto antes, mesmo que em pequenas quantias, faz toda a diferença.

ADAPTANDO AS ESTRATÉGIAS PARA LONGO E CURTO PRAZOS

Se você tem metas de longo prazo, como a aposentadoria, as lições de investidores como Warren Buffett e Luiz Barsi são fundamentais. O foco aqui deve ser ativos que ofereçam crescimento contínuo ao longo dos anos, como ações de empresas sólidas que pagam dividendos ou fundos de índice. A ideia é reinvestir esses rendimentos ao longo do tempo, permitindo que o poder dos juros compostos atue em seu benefício.

No entanto, se você tem objetivos de curto ou médio prazo, como a compra de um imóvel ou a construção de uma reserva para emergências, sua abordagem precisa ser mais conservadora. Nesse caso, ativos de renda fixa ou investimentos com alta liquidez são recomendados, pois oferecem maior segurança e permitem que o capital seja acessado facilmente quando necessário.

O segredo está em entender o equilíbrio entre seus objetivos e o tipo de investimento que melhor se adapta a eles. Não há problema algum em ser conservador em uma parte de sua carteira e mais agressivo em outra. O importante é que sua estratégia esteja alinhada com suas metas e seu perfil de risco.

Ray Dalio – navegando por todos os climas

Ray Dalio, fundador da Bridgewater Associates, trouxe ao mundo financeiro uma abordagem que pode ser comparada à de um mestre em artes marciais. Ele compreendeu que o mercado é imprevisível, portanto ninguém pode prever com exatidão o que vai acontecer a seguir. Por isso, desenvolveu a estratégia do "All Weather Portfolio" [carteira para todos os climas, em português], que é um portfólio capaz de resistir a qualquer condição econômica, seja durante períodos de crescimento, recessão, inflação ou deflação.

Enquanto muitos investidores tentam adivinhar o que vai acontecer no futuro, Dalio nos mostra que a verdadeira força está em nos prepararmos para qualquer cenário. Sua abordagem é um lembrete de que, em vez de lutarmos contra as marés do mercado, devemos aprender a surfar sobre elas.

A comparação entre Dalio e os outros investidores nos ensina que, embora seja importante acreditar em suas convicções, é igualmente essencial estar preparado para quando o inesperado acontecer.

08

AUTODISCIPLINA – A CHAVE PARA MANTER-SE NO CAMINHO CERTO

No capítulo anterior, abordamos como o tempo constitui parte da copa frondosa de sua árvore financeira, permitindo que ela cresça de maneira forte e sustentável. Agora, falaremos sobre o segundo elemento essencial dessa copa: a Autodisciplina, que atua como os galhos robustos e resistentes que sustentam e protegem os frutos financeiros ao longo da vida.

A autodisciplina é o que transforma planos em ações reais, protegendo-o das decisões financeiras impulsivas causadas por emoções e pelas oscilações do mercado. É essa força interna que garante a continuidade de sua jornada, especialmente quando surgem tentações e atalhos aparentemente vantajosos, mas que desviam você do objetivo principal.

Geraldine Weiss (1926-2022), pioneira no investimento em dividendos e uma das poucas mulheres que se destacaram no competitivo mundo financeiro de sua época, reconheceu cedo que o sucesso nos investimentos exige mais do que conhecimento técnico. Para ela, o verdadeiro desafio estava em controlar suas emoções e manter-se disciplinada, mesmo diante das turbulências do mercado.

Weiss adotou uma estratégia simples e robusta: investia em empresas que pagavam dividendos consistentes. Essa abordagem gerou um fluxo de renda previsível e seguro, permitindo que ela focasse o valor intrínseco das empresas, evitando cair nas armadilhas das tendências passageiras do mercado.

Você pode estar se perguntando: *Como evitar cair nas tendências passageiras?* Elas são sedutoras porque prometem ganhos rápidos e fáceis. Para não cair nessa armadilha, é essencial identificar padrões de comportamento que geralmente acompanham esses movimentos.

- **Falta de fundamentos sólidos:** empresas ou ativos que sobem muito rápido sem apresentar resultados ou fundamentos concretos costumam representar alto risco.
- **Excesso de otimismo:** quando todos começam a falar de uma oportunidade "imperdível", esse é o momento de redobrar o cuidado.
- **Oscilações extremas de preço:** altas muito rápidas seguidas de quedas igualmente rápidas podem indicar uma tendência passageira e não sustentável.

Segundo a pesquisa Raio X do Investidor Brasileiro de 2023, cerca de 45% das pessoas que começam a investir desistem ou interrompem seus investimentos nos primeiros três anos. O principal motivo apontado para a desistência é justamente a falta de disciplina financeira e emocional diante das oscilações do mercado.[21]

Como profissional da área financeira, vejo a cada dia a importância da autodisciplina para o sucesso financeiro. Frequentemente, recebo clientes que já passaram por várias tentativas

---

21 ANBIMA. *op. cit.*

frustradas de investir, justamente por não terem desenvolvido a disciplina necessária para seguir suas estratégias.

Minha orientação é sempre focar objetivos claros e tangíveis, definindo metas específicas e criando rotinas de investimento que não dependam do humor ou das circunstâncias do momento. Essa rotina evita decisões emocionais, garantindo que o cliente siga investindo com regularidade, independentemente das condições externas.

Um exemplo marcante de sucesso é o caso de Ricardo, cliente que, após várias tentativas frustradas com modismos financeiros, decidiu seguir uma estratégia disciplinada e consistente de investimentos em ativos sólidos e com bons fundamentos. Em pouco mais de cinco anos, sua carteira apresentou um crescimento estável e significativo, mesmo em períodos turbulentos como a crise causada pela pandemia de covid-19.

Outro caso relevante é o de Fernanda, que inicialmente sentia ansiedade com as oscilações do mercado. Trabalhamos juntos para fortalecer sua disciplina e criar uma estratégia de aportes mensais regulares em empresas sólidas e fundos de índice. Hoje, ela colhe os frutos de sua persistência, vendo seu patrimônio crescer consistentemente e com menos preocupação.

Em resumo, a autodisciplina é uma habilidade essencial para quem busca alcançar a liberdade financeira e garantir o crescimento sustentável do patrimônio ao longo do tempo. Ela permite que você mantenha o foco, controle suas emoções e tome decisões conscientes e estratégicas, independentemente das circunstâncias a seu redor.

COMO CRIAR HÁBITOS FINANCEIROS SUSTENTÁVEIS

Como garantir que esses pilares se integrem a sua vida de maneira natural e contínua? A resposta está na criação de hábitos financeiros saudáveis. Quando essas ações se tornam parte do seu cotidiano, como escovar os dentes ou tomar banho, a jornada para a liberdade financeira deixa de ser um esforço e passa a ser um estilo de vida.

De acordo com Charles Duhigg, todos os hábitos são compostos de três elementos: o gatilho, a rotina e a recompensa. Entender esse ciclo é como desvendar a fórmula mágica que transforma comportamentos ocasionais em ações automáticas.[22]

O grande segredo para construir uma vida financeira próspera não é apenas ter grandes metas ou saber muito sobre investimentos, e sim criar pequenos hábitos diários que, ao longo do tempo, trarão resultados extraordinários. Vamos analisar cada etapa desse ciclo com um olhar voltado para o mundo financeiro.

- **Gatilho – o que inicia o comportamento:** o gatilho é o evento que dá início ao comportamento, o estímulo que faz com que você entre em ação. Nos hábitos financeiros, esse gatilho pode ser algo tão simples quanto o dia do pagamento, quando o dinheiro entra em sua conta, ou uma situação específica que desperta o desejo de gastar ou investir.

    Exemplo: receber o salário no início do mês pode ser o gatilho que inicia o processo de alocar parte do dinheiro para investimentos.

---

22 DUHIGG, C. *op. cit.*

A autodisciplina é o que transforma planos em ações reais, protegendo-o das decisões financeiras impulsivas causadas por emoções e pelas oscilações do mercado.

CAPITAL INTELIGENTE
@DAVI_RAMOS

- **Rotina – a ação em si:** a rotina é a parte do ciclo em que você realmente age. É aqui que as decisões financeiras se transformam em comportamentos práticos e consistentes.

    Exemplo: uma vez que você recebe seu salário, a rotina pode ser transferir automaticamente 10% do valor para um fundo de investimentos.

- **Recompensa – o resultado que reforça o hábito:** a recompensa é o que dá ao cérebro a sensação de prazer e satisfação, reforçando o desejo de repetir a ação no futuro. Em finanças, a recompensa pode ser o aumento no saldo de seus investimentos ou a tranquilidade de saber que está se aproximando de seus objetivos financeiros.

    Exemplo: ao verificar, no final do mês, que sua carteira de investimentos cresceu, você sente uma sensação de progresso e realização, o que fortalece seu desejo de continuar com o hábito.

Na prática, tudo isso é importante para moldar ações que irão sustentar os pilares do CAPITAL em sua vida, e existem maneiras de facilitar essas rotinas e transformá-las nos hábitos financeiramente saudáveis que deseja ter. A seguir, listo alguns deles que sempre recomendo a meus clientes.

- **Automatize seus investimentos:** um dos maiores desafios para muitas pessoas é manter a consistência nos investimentos. As distrações e tentações do dia a dia podem facilmente desviar nosso foco. É por isso que a automação é tão poderosa. Ao configurar transferências automáticas no dia do pagamento, você garante que parte de seu dinheiro será investido antes que você tenha a chance de gastá-lo.

Benefício: ao automatizar os investimentos, você elimina o esforço de ter que tomar uma decisão a cada mês e cria um sistema que funciona independentemente de sua força de vontade. É uma maneira prática de incorporar os pilares da Autodisciplina e do Investimento em sua rotina.

- **Faça uma revisão mensal:** reserve um momento no final de cada mês para revisar suas finanças. Essa é a hora de analisar seus gastos, verificar se você está no caminho certo para alcançar suas metas e ajustar sua estratégia, se necessário. Pense nisso como uma sessão de "check-up" financeiro.

    Benefício: esse hábito reforça o pilar do Planejamento, garantindo que você mantenha o controle sobre suas finanças e ajuste sua trajetória conforme necessário, evitando que pequenos desvios se transformem em grandes problemas.

- **Invista em educação contínua:** um dos segredos para o sucesso financeiro é o aprendizado constante. Comprometa-se a ler um livro ou participar de um curso sobre finanças a cada trimestre. Assim como um atleta que treina regularmente para melhorar seu desempenho, você deve treinar sua mente para identificar novas oportunidades e fortalecer seus conhecimentos.

    Benefício: esse hábito alimenta o pilar do Conhecimento e garante que você esteja sempre atualizado e preparado para tomar decisões informadas.

- **Evite compras por impulso:** todos nós já fomos vítimas de compras por impulso, movidos por uma promoção tentadora ou pela emoção do momento. Para evitar isso, adote o hábito de esperar quarenta e oito horas antes de fazer uma compra não planejada. Esse período de reflexão permitirá que você analise se realmente precisa do item ou se é apenas um desejo passageiro.

Benefício: esse hábito protege os pilares da Autodisciplina e do Planejamento, evitando que você comprometa seu futuro financeiro por causa de decisões momentâneas.

Assim como os juros compostos transformam pequenos investimentos em grandes fortunas ao longo do tempo, os hábitos financeiros saudáveis têm um impacto transformador na vida dos investidores. Eles funcionam como a engrenagem que, lenta e silenciosamente, move você em direção a seu objetivo.

Warren Buffett sempre enfatizou que a chave para a riqueza não é a velocidade, e sim a constância. Foi a repetição de ações simples, ao longo de décadas, que transformou sua fortuna. Portanto, pense nos hábitos como os tijolos que sustentam sua casa financeira. Cada ação diária, por menor que pareça, é um tijolo que fortalece e dá forma sua estrutura de prosperidade.

Assim como não é possível construir uma casa sólida – desde os alicerces até os acabamentos finais – em apenas um mês, também não se conquista uma vida financeira saudável da noite para o dia. Para que sua jornada seja bem-sucedida, é essencial ter atenção especial aos erros mais frequentes cometidos por aqueles que buscam estabelecer bons hábitos financeiros. Conheça agora quais são esses obstáculos comuns e como você pode superá-los.

1. **Tentar mudar tudo de uma vez:** é comum querer mudar vários aspectos de sua vida financeira de uma só vez, mas isso pode ser desanimador e inviável. Concentre-se em desenvolver um ou dois hábitos por vez e, quando estiverem firmemente estabelecidos, adicione outros.
2. **Subestimar o tempo necessário para a mudança:** lembre-se de que os hábitos levam tempo para se formar. Acredite no processo e seja paciente consigo mesmo, permitindo que cada novo hábito se torne parte de quem você é.
3. **Não estabelecer gatilhos claros:** sem um gatilho claro que inicie o comportamento, o hábito dificilmente se consolidará. Defina momentos específicos para suas ações financeiras, como o dia do pagamento ou o final do mês.

AUTOMATIZANDO SUAS FINANÇAS – O PODER DA CONSISTÊNCIA, SIMPLICIDADE E ADAPTAÇÃO À EFICIÊNCIA DOS MERCADOS

Uma das maiores chaves para o sucesso financeiro, como discutimos anteriormente, é a disciplina. Entretanto, sabemos que manter essa disciplina na prática, em meio a incertezas e mudanças, pode ser desafiador. É aqui que entra a automação financeira – uma estratégia que facilita o processo de poupar e investir de maneira consistente, retirando a emoção e o risco de decisões impulsivas. Mas, para compreender a verdadeira importância da automação, precisamos considerar também a teoria de Andrew Lo sobre a eficiência dos mercados e como ela pode influenciar nossas decisões de investimento.

A TEORIA DA HIPÓTESE ADAPTATIVA DOS MERCADOS DE ANDREW LO

Andrew Lo, um renomado economista taiwanês-americano, propôs uma visão inovadora sobre a eficiência dos mercados, conhecida como a *Adaptive Markets Hypothesis* (AMH) [Hipótese dos Mercados Adaptativos, em português]. Essa teoria é uma evolução da tradicional Hipótese dos Mercados Eficientes (EMH), que sugere que os preços das ações refletem todas as informações disponíveis e, portanto, é impossível obter retornos superiores ao mercado de modo consistente apenas por meio da análise de informações públicas.

No entanto, Lo argumenta que os mercados não são perfeitamente eficientes o tempo todo. Em vez disso, ele afirma que os mercados são adaptativos e que a eficiência pode variar ao longo do tempo, dependendo das mudanças no comportamento dos investidores, da evolução tecnológica, das condições econômicas e de outras influências externas. Isso significa que, em alguns momentos, os mercados podem ser muito eficientes, enquanto em outros podem apresentar oportunidades para que investidores disciplinados e atentos possam obter retornos acima da média.

A hipótese de Andrew Lo sugere que os mercados funcionam como um ecossistema, onde os investidores, assim como as espécies em um ambiente natural, estão em constante adaptação. Eles respondem a estímulos, evoluem com as condições de mercado e aprendem com suas experiências. Em essência, a eficiência do mercado é uma questão dinâmica, e não estática.

Lo nos traz um insight valioso: se os mercados são adaptativos e mudam ao longo do tempo, então nossa abordagem de investimento também precisa ser adaptável. No entanto, em vez de tentar prever as mudanças constantes do mercado – algo que pode ser muito desafiador e emocionalmente desgastante –, a automação financeira permite que você crie uma estratégia que se adapta automaticamente a essas variações, sem a necessidade de ficar tentando adivinhar o momento certo para agir.

Ao automatizar suas finanças, você não precisa se preocupar em identificar as fases em que o mercado está mais ou menos eficiente. Você só continua investindo de maneira consistente, aproveitando as oportunidades que surgem ao longo do tempo. Em outras palavras, a automação financeira permite que você se beneficie das oscilações do mercado sem ser influenciado pelas emoções ou pelo medo de estar tomando a decisão errada.

A IMPORTÂNCIA DA AUTOMAÇÃO PARA INVESTIDORES AGRESSIVOS

Para o investidor agressivo, que busca retornos elevados em um ambiente de volatilidade e incerteza, a teoria de Andrew Lo reforça ainda mais a necessidade de uma estratégia automatizada. Os mercados podem ser imprevisíveis e sujeitos a mudanças repentinas, como crises financeiras, avanços tecnológicos ou até mesmo eventos geopolíticos capazes de impactar o valor dos ativos. Durante esses períodos, muitos investidores são tentados a agir de maneira precipitada, tentando prever a próxima grande mudança. Mas, como Lo sugere, essa tarefa é extremamente difícil e muitas vezes conduz a erros.

A automação protege você dessas armadilhas ao garantir que sua estratégia de investimento seja executada de modo constante, independentemente das condições de mercado. Ela permite que você siga a lógica do *dollar-cost averaging* (compra de ativos a intervalos regulares, independentemente do preço), o que, com o tempo, reduz os efeitos negativos da volatilidade e se alinha com o conceito de adaptação às mudanças do mercado.

COMO AUTOMATIZAR SEUS APORTES E INVESTIMENTOS

Vamos detalhar agora as maneiras pelas quais você pode incorporar a automação em sua estratégia de investimento, levando em conta a natureza adaptativa dos mercados.

1. **Automatize a transferência de parte do salário:** configure uma transferência automática de uma parte de seu salário para sua conta de investimentos logo após o recebimento. Isso garante que, mesmo quando o mercado está passando por turbulências ou quando há tentação de gastar em outras áreas, seus investimentos continuam em ritmo constante. Assim, você se mantém fiel ao plano, independentemente das oscilações do mercado.

2. **Contribuições automáticas para investimentos:** utilize plataformas de corretagem e fintechs que permitem a configuração de aportes automáticos em seus ativos preferidos, como fundos de índice, ações, títulos ou criptomoedas. Isso garante que você esteja sempre investindo, independentemente das notícias ou do clima do mercado, adaptando-se de modo natural às flutuações, sem a necessidade de intervenção direta.

3. **Rebalanceamento automático de portfólio:** como os mercados são adaptativos, a composição ideal de seu

portfólio pode mudar ao longo do tempo. O rebalanceamento automático é uma ferramenta que ajusta periodicamente seus investimentos para manter a alocação original de acordo com seu perfil de risco e seus objetivos. Isso é especialmente importante para o investidor agressivo, que está exposto a ativos mais voláteis e pode ver sua carteira desbalanceada com facilidade.

4. **Reinvestimento automático de dividendos e rendimentos:** para aproveitar o poder dos juros compostos e a teoria dos mercados adaptativos, é fundamental reinvestir automaticamente os dividendos ou rendimentos que você recebe. Ao fazer isso, você está constantemente aumentando sua participação nos ativos, o que gera mais retornos no longo prazo e aproveita as oportunidades que surgem em diferentes momentos do mercado.

COMO A AUTOMAÇÃO FINANCEIRA SE BENEFICIA DOS MERCADOS ADAPTATIVOS

A automação financeira é uma forma de navegar pelas mudanças e incertezas do mercado com confiança e consistência. Ela permite que você mantenha seu plano de investimento em andamento, mesmo quando os mercados estão em fase de transição ou quando as informações disponíveis se tornam confusas e difíceis de interpretar. Isso se alinha com a ideia de Andrew Lo de que os mercados, assim como os investidores, estão em constante evolução e adaptação.

Ao automatizar seus investimentos, você cria um sistema que responde de maneira inteligente e eficiente às variações do mercado, evitando o excesso de reações no curto prazo e permitindo que suas decisões sejam guiadas por uma estratégia sólida e bem-fundamentada.

ERROS COMUNS QUE A AUTOMAÇÃO FINANCEIRA PODE EVITAR

A automação financeira também ajuda a evitar os erros comuns que muitos investidores cometem, sobretudo em um ambiente de mercado extremamente adaptativo.

1. **Tentar antecipar os movimentos do mercado:** dado que os mercados estão em constante adaptação, tentar prever o momento exato de entrada ou saída é uma tarefa que, muitas vezes, leva a resultados frustrantes. A automação elimina essa necessidade, garantindo que seus investimentos sejam feitos de maneira contínua e consistente.

2. **Agir impulsivamente em momentos de volatilidade:** durante períodos de volatilidade extrema, como uma crise econômica ou mudanças abruptas em setores específicos, muitos investidores acabam tomando decisões emocionais que prejudicam seus retornos. A automação protege você dessas decisões impulsivas, mantendo o foco na estratégia de longo prazo.

3. **Não ajustar sua estratégia às mudanças de mercado:** como os mercados evoluem com o tempo, sua estratégia também precisa se ajustar. O rebalanceamento automático, por exemplo, garante que sua carteira esteja sempre alinhada com seus objetivos e sua tolerância ao risco, mesmo quando o ambiente externo muda.

MANTENDO O EQUILÍBRIO ENTRE AGRESSIVIDADE E SUSTENTABILIDADE

O investidor agressivo enfrenta o desafio constante de equilibrar o desejo por retornos elevados com a necessidade de manter uma estratégia sustentável no longo prazo. Automatizar seus investimentos é uma forma eficaz de garantir que seu portfólio se mantenha no caminho certo, mesmo em um ambiente de mercado em constante evolução.

Ao implementar a automação, você protege sua estratégia contra as armadilhas do comportamento humano e das mudanças do mercado, mantendo um ritmo de investimento que se ajusta naturalmente ao longo do tempo, como sugere a hipótese de Andrew Lo.

Automatizar suas finanças é uma das formas mais eficazes de garantir consistência e disciplina em um ambiente financeiro que está em constante adaptação. A teoria de Andrew Lo nos mostra que os mercados são dinâmicos, e a melhor maneira de prosperar é criando um sistema que se ajuste automaticamente a essas mudanças.

Em minha experiência com clientes na Vante Invest, percebo claramente que o fator determinante para o sucesso financeiro não é a quantidade inicial investida nem a sofisticação das estratégias adotadas, e sim a capacidade do cliente de manter-se disciplinado ao longo do tempo. Um exemplo claro é a história do Alberto, cliente que, mesmo com recursos relativamente limitados no início, desenvolveu uma disciplina admirável de investimentos regulares e consistentes, independentemente do cenário econômico. Hoje, após quase dez anos de aportes constantes,

É a repetição constante desses hábitos que o levará à independência financeira, de maneira segura e progressiva.

CAPITAL INTELIGENTE
@DAVI_RAMOS

Alberto desfruta de um patrimônio robusto e estável, resultado direto de sua autodisciplina financeira.

Por outro lado, já acompanhei investidores com grande capacidade financeira inicial, mas que, por falta de autodisciplina, frequentemente alteravam suas estratégias e cediam às tentações de ganhos rápidos, enfrentando frustrações recorrentes e resultados abaixo do esperado. Essas experiências reforçaram minha convicção: a autodisciplina é o diferencial entre alcançar a segurança financeira duradoura e viver em constante instabilidade. É ela que permitirá a você colher frutos abundantes e sustentáveis ao longo de toda sua vida financeira.

A criação de hábitos financeiros saudáveis é o elo que transforma o conhecimento em ação, permitindo que os pilares do CAPITAL ganhem vida em sua rotina. É a repetição constante desses hábitos que o levará à independência financeira, de maneira segura e progressiva.

Os hábitos que você adotar hoje definirão a realidade financeira que você viverá amanhã. Ao incorporar práticas como a automação dos investimentos, a revisão mensal, a educação contínua e o controle de compras por impulso, você construirá o caminho para um futuro próspero e sólido.

Para exemplificar como funciona a criação de um hábito, vamos imaginar uma situação fictícia. Conheça a história do João: ele nunca havia praticado atividade física regularmente, mas decidiu que queria começar a correr todos os dias. Primeiro, ele definiu um gatilho visual claro, deixando tênis e roupas de corrida ao lado da cama todas as noites, tornando fácil iniciar o hábito pela manhã. Estabeleceu um objetivo inicial pequeno, de apenas cinco minutos diários, o que facilitava a manutenção dessa nova prática. Aos poucos, João aumentou o tempo de corrida e, a cada semana, revisava seu progresso para se manter motivado. Além disso, buscava continuamente informações sobre técnicas de corrida e nutrição para melhorar seu desempenho. Após meses seguindo essa rotina estruturada, João conseguiu participar de sua primeira maratona.

Embora fictício, esse exemplo demonstra claramente como um hábito bem-estruturado, com gatilhos, objetivos graduais, revisões constantes e aprendizado contínuo pode gerar resultados extraordinários. O mesmo raciocínio vale para sua vida financeira.

Para facilitar essa jornada, recomendo que você utilize este checklist simples e eficaz para identificar seus gatilhos emocionais e definir claramente como pretende estabelecer hábitos financeiros disciplinados.

CHECKLIST PARA AUTODISCIPLINA FINANCEIRA

Identifique suas emoções

Quais emoções geralmente levam você a decisões impulsivas (ansiedade, empolgação, medo)?

_____
_____
_____
_____
_____
_____

Que situações específicas desencadeiam essas emoções (notícias negativas, pressão social)?

_____
_____
_____
_____

Defina seus gatilhos

Quais eventos ou circunstâncias têm feito você sair de seu plano financeiro?

_____
_____
_____
_____

Como você reage atualmente quando esses gatilhos ocorrem?

_____
_____
_____
_____

Estabeleça respostas conscientes

Que ações práticas você pode tomar quando esses gatilhos ocorrerem?

_____
_____
_____
_____

Qual comportamento alternativo, mais saudável, você pode adotar nessas situações?

_____
_____
_____
_____

Crie um compromisso claro

Como você pretende registrar e acompanhar seus investimentos e suas metas financeiras regularmente?

_____
_____
_____
_____

Quais ferramentas (apps, planilhas) você usará para facilitar esse acompanhamento?

_____
_____
_____
_____

Comprometa-se com a regularidade

Defina claramente uma rotina para rever suas decisões e seus investimentos. Pode ser semanal, quinzenal ou mensal.

_____
_____
_____
_____

Quem poderá ajudá-lo a manter-se responsável e disciplinado nessa rotina?

_____
_____
_____
_____

Ao responder cuidadosamente a essas perguntas, você cria uma base sólida para desenvolver e sustentar a autodisciplina financeira, garantindo um crescimento consistente e estável do seu patrimônio.

09

LIQUIDEZ – O EQUILÍBRIO ENTRE SEGURANÇA E FLEXIBILIDADE

Chegamos ao último pilar do método CAPITAL: a Liquidez. Embora frequentemente negligenciada, ela é crucial para garantir segurança financeira e flexibilidade diante das incertezas da vida e do mercado. Em nossa rotina diária na Vante Invest, percebemos claramente que investidores bem-sucedidos não são aqueles que alcançam retornos elevados, e sim aqueles que conseguem equilibrar rentabilidade com a capacidade de acessar rapidamente seu capital quando necessário.

Liquidez representa a facilidade com que seus investimentos podem ser convertidos em dinheiro sem perda significativa de valor. É o colchão que garante tranquilidade em momentos de crise financeira ou oportunidades inesperadas. Sem uma gestão adequada desse pilar, você pode se ver obrigado a desfazer-se de investimentos em momentos inoportunos, acatando prejuízos que poderiam ter sido evitados.

Ray Dalio, fundador do Bridgewater Associates, o maior fundo de hedge do mundo, é um mestre reconhecido globalmente na gestão da liquidez. Dalio ensina que liquidez é essencial para evitar a necessidade de vender ativos sob pressão, ressaltando que ter ativos líquidos é como possuir um "seguro financeiro": você não percebe sua importância até precisar dele com urgência.

Mas o que caracteriza um ativo líquido de maneira mais profunda?

Ativos líquidos são investimentos que podem ser rapidamente vendidos ou convertidos em dinheiro com o mínimo impacto no preço original. Alguns exemplos comuns são títulos públicos federais (como o Tesouro Selic), fundos de investimento com liquidez diária, CDBs de resgate imediato e ações altamente negociadas em bolsa, como grandes empresas do índice Ibovespa. Em contraste, ativos como imóveis, investimentos em private equity ou participações societárias privadas são classificados como ilíquidos devido ao tempo, à complexidade e aos descontos necessários para uma venda rápida.

No dia a dia com nossos clientes na Vante Invest, reforçamos constantemente a importância de manter níveis adequados de liquidez. Um exemplo real é o de uma empresária do ramo educacional que atendemos há alguns anos. Durante a crise econômica causada pela pandemia de covid-19 em 2020, ela precisou urgentemente de recursos para manter suas operações em funcionamento. Felizmente, havíamos estruturado seu patrimônio com uma parcela significativa em ativos líquidos, permitindo-lhe acessar recursos imediatos sem precisar vender ativos de longo prazo em condições desfavoráveis. Esse planejamento estratégico garantiu a continuidade de seu negócio e evitou perdas financeiras expressivas.

Outro caso real é o de um empresário do setor imobiliário que nos procurou após enfrentar sérias dificuldades devido à falta de liquidez em seu patrimônio. Grande parte de seus recursos estava alocada em imóveis, o que o obrigou a vender algumas propriedades rapidamente e com descontos elevados durante uma crise financeira pessoal inesperada. Após esse episódio, estruturamos um plano financeiro com ativos líquidos adequados, possibilitando que hoje ele tenha muito mais segurança e capacidade de responder rapidamente às mudanças de cenário econômico.

Esses exemplos destacam claramente o valor estratégico da liquidez. Gerenciar liquidez não é apenas precaução; é uma estratégia ativa que permite aproveitar momentos de instabilidade como oportunidades valiosas de investimento.

Como manter um equilíbrio saudável de liquidez em seu dia a dia financeiro?

- **Fundo de emergência robusto:** mantenha uma reserva financeira equivalente a cerca de seis a doze meses de suas despesas mensais em ativos com liquidez diária. Esse é seu primeiro passo para a segurança financeira imediata.
- **Diversificação estratégica:** combine investimentos líquidos com outros ativos de longo prazo para equilibrar rentabilidade e acesso ao capital.
- **Revisões periódicas:** reveja com regularidade suas necessidades de liquidez e ajuste seu portfólio conforme mudanças pessoais e do mercado.

Lembre-se sempre: investir é uma jornada pessoal, que deve refletir sua realidade, suas metas e sua tolerância ao risco. Não existe uma estratégia universal, mas a liquidez é um princípio universalmente necessário. Incorporá-la em sua estratégia financeira não é luxo, é requisito fundamental para uma vida financeira segura e bem-sucedida.

Sem uma gestão adequada desse pilar, você pode se ver obrigado a desfazer-se de investimentos em momentos inoportunos, acatando prejuízos que poderiam ter sido evitados.

CAPITAL INTELIGENTE
@DAVI_RAMOS

Um erro comum que muitos cometem ao entrar no mundo dos investimentos é acreditar que existe uma solução única que funcione para todos. A verdade é que, assim como cada investidor tem um estilo de vida e metas diferentes, suas estratégias financeiras também devem ser adaptadas de acordo com sua realidade.

Investir é, em sua essência, um processo profundamente pessoal. Ele exige que você conheça suas prioridades, seu apetite por risco, seu horizonte de tempo e, talvez o mais importante, seu objetivo final. E esse é o primeiro ponto que devemos abordar: a clareza de objetivos.

CLAREZA DE OBJETIVOS – O PRIMEIRO PASSO PARA PERSONALIZAR SUA ESTRATÉGIA

Antes de qualquer coisa, você precisa definir quais são suas metas. Para alguns, o objetivo pode ser garantir uma aposentadoria tranquila, sem preocupações financeiras. Para outros, pode ser a criação de uma reserva para a compra de uma casa, ou, ainda, a construção de uma fonte de renda passiva que permita maior liberdade de tempo no futuro. Qualquer que seja seu objetivo, é fundamental que ele seja claro e mensurável.

Um erro clássico que muitas pessoas cometem é começar a investir sem ter uma meta definida. Isso pode levar a frustrações ou até a decisões precipitadas, já que você pode se ver atraído por investimentos de maior risco que, no fundo, não fazem sentido para o seu plano.

Vamos usar um exemplo prático. Imagine que seu objetivo é construir uma reserva para aposentadoria em vinte anos. Nesse caso, seu horizonte de tempo permite que você se beneficie do poder dos juros compostos e de investimentos de longo prazo, como ações ou fundos de índice, sem precisar se preocupar com as oscilações de curto prazo do mercado. Por outro lado, se sua meta for comprar um imóvel nos próximos cinco anos, sua estratégia deve ser mais conservadora, focada em segurança e liquidez, para que o capital não corra riscos desnecessários durante esse período.

DIVERSIFICAÇÃO INTELIGENTE – PROTEGENDO SEU PATRIMÔNIO

Uma das lições mais valiosas que podemos tirar das estratégias de John Bogle, Ray Dalio e Luiz Barsi é a importância da diversificação. Independentemente de seu perfil de risco ou objetivo, ter uma carteira diversificada é a melhor maneira de se proteger contra as incertezas do mercado.

Diversificação é uma palavra que ouvimos com frequência no mundo dos investimentos, mas o que realmente significa? Em sua essência, diversificar é não colocar "todos os ovos em uma cesta". Ao investir em diferentes classes de ativos, setores, geografias e prazos (como ações, renda fixa, imóveis, ouro etc.), você reduz o risco de perder uma quantia significativa de capital se algo inesperado acontecer em um mercado específico. Isso pode ser feito de várias maneiras.

- **Diversificação entre classes de ativos:** essa é a forma mais comum de diversificação. Aqui, você separa uma parte de seu portfólio para ativos de maior risco (como ações) e outra parte para ativos de menor risco (como títulos de renda fixa). Essa abordagem permite que você capture o crescimento dos ativos mais arriscados, enquanto mantém uma base estável com os ativos seguros.

- **Diversificação geográfica:** investir em diferentes países e regiões pode ajudar a mitigar os riscos associados a eventos específicos de um mercado. O que afeta a economia de um país pode não ter o mesmo impacto em outro, e, ao diversificar geograficamente, você reduz o risco de exposição a uma única economia.
- **Diversificação setorial:** no mercado de ações, diversificar entre diferentes setores (como tecnologia, saúde, energia etc.) também ajuda a reduzir o impacto de determinadas crises que podem afetar uma indústria específica.

Para muitos investidores, especialmente os mais conservadores, os fundos de índice podem ser uma excelente maneira de alcançar uma diversificação automática e de baixo custo. Esses fundos replicam o desempenho de um mercado amplo, como o S&P 500 ou o Ibovespa, proporcionando acesso a centenas de empresas em um único investimento.

No entanto, a diversificação não serve apenas para se proteger; ela também é uma maneira de capturar oportunidades de crescimento em diferentes setores e regiões, sem se expor a riscos excessivos. Ray Dalio é um defensor dessa abordagem, criando portfólios que podem prosperar em qualquer condição econômica. O "All Weather Portfolio" é construído para resistir tanto a momentos de crescimento quanto a períodos de recessão, garantindo que, em qualquer cenário, o investidor esteja protegido.

A diversificação não só minimiza o risco, mas também maximiza as oportunidades de crescimento. Se um ativo está passando por uma fase difícil, outros podem estar se valorizando, equilibrando sua carteira e garantindo que você não seja pego de surpresa pelas oscilações do mercado.

Cada investidor tem suas próprias necessidades e tolerância ao risco, e, por isso, o conceito de diversificação deve ser adaptado a cada perfil. A seguir, vamos montar exemplos práticos de portfólios diversificados para os três perfis principais de investidores: conservador, moderado e agressivo.

Importante

Os exemplos apresentados a seguir são apenas sugestões básicas e iniciais para ilustrar como portfólios podem ser montados conforme diferentes perfis de investidor. A composição ideal dos investimentos depende fortemente de variáveis individuais, como idade, objetivos financeiros, momento de vida, horizonte temporal, tolerância ao risco e capacidade financeira. Cada investidor possui necessidades e contextos específicos, por isso é fundamental que qualquer decisão sobre alocação seja adaptada cuidadosamente ao perfil particular e revisada com certa regularidade com auxílio profissional especializado.

O INVESTIDOR CONSERVADOR

O investidor conservador valoriza a segurança acima de tudo. Ele está menos preocupado em maximizar o crescimento e mais focado em proteger o patrimônio e evitar grandes oscilações no valor de seus investimentos. Por esse motivo, um portfólio conservador tende a ter uma maior exposição a ativos de menor risco, como títulos de renda fixa e fundos de renda fixa de alta liquidez.

Exemplo de portfólio conservador

1. **50% em títulos públicos (Tesouro Direto ou títulos do governo):** esses títulos são considerados os ativos de menor risco no mercado, pois são garantidos pelo governo. O Tesouro Selic, por exemplo, é uma excelente opção para quem deseja liquidez e segurança, além de acompanhar a taxa básica de juros.

2. **30% em CDBs (Certificados de Depósito Bancário):** CDBs são títulos emitidos por bancos e podem oferecer uma rentabilidade maior que o Tesouro Direto, dependendo do prazo e do emissor. Muitos CDBs têm liquidez diária, o que é uma vantagem para quem deseja acesso rápido ao dinheiro.

3. **10% em fundos imobiliários (FIIs):** para garantir algum nível de retorno com crescimento e diversificação, o investidor conservador pode incluir FIIs em seu portfólio. Esses fundos investem em imóveis e distribuem rendimentos mensais aos cotistas. Eles fornecem uma boa alternativa para quem deseja exposição ao mercado imobiliário sem precisar comprar propriedades físicas.

4. **10% em fundos multimercados conservadores:** os fundos multimercados conservadores combinam ativos de renda fixa e, eventualmente, uma pequena parcela

de renda variável. Isso oferece uma ligeira diversificação sem abrir mão de muita segurança.

- ◆ **Objetivo:** esse portfólio prioriza a preservação do capital, com crescimento modesto e baixo risco. É ideal para quem prefere dormir tranquilo sabendo que seu dinheiro está seguro e crescendo de maneira estável.

O INVESTIDOR MODERADO

O investidor moderado está disposto a correr um pouco mais de risco em troca de retornos maiores. Ele valoriza a segurança, mas também busca oportunidades de crescimento, geralmente investindo em uma mistura equilibrada de ativos de renda fixa e variável.

Exemplo de portfólio moderado

1. **40% em títulos públicos ou fundos de renda fixa:** a base do portfólio de um investidor moderado ainda estará em ativos seguros, como o Tesouro Direto, mas com uma parcela menor se comparada à do portfólio conservador. O Tesouro IPCA+ pode ser uma boa opção para quem deseja proteção contra a inflação.

2. **10% em ações de empresas consolidadas *(blue chips)*:** para aproveitar o crescimento do mercado acionário, o investidor moderado pode investir em ações de empresas consolidadas, conhecidas como *blue chips*. Essas empresas são líderes de mercado, têm histórico de rentabilidade estável e são menos voláteis que empresas menores.

3. **20% em fundos imobiliários (FIIs):** assim como no portfólio conservador, os FIIs continuam sendo uma boa forma de diversificar e obter renda passiva. Além disso, oferecem exposição ao mercado imobiliário, que geralmente se valoriza no longo prazo.

4. **10% em ações de crescimento:** para equilibrar o risco e capturar mais potencial de crescimento, o investidor moderado pode alocar uma pequena parcela em ações de empresas em setores de alto crescimento, como tecnologia ou saúde. Essas empresas podem ser mais voláteis, mas têm grande potencial de valorização ao longo do tempo.

5. **20% em fundos multimercados:** a inclusão de fundos multimercados oferece diversificação e acesso a diferentes mercados, como câmbio, commodities e ações internacionais. Esses fundos são geridos por especialistas que buscam equilibrar risco e retorno em diversas condições de mercado.

- **Objetivo:** o portfólio moderado busca um equilíbrio entre segurança e crescimento. Embora ainda mantenha uma base segura em renda fixa, ele se expõe ao mercado de ações e outros ativos de maior risco para capturar retornos mais altos ao longo do tempo.

O INVESTIDOR AGRESSIVO – UM PORTFÓLIO DE CRESCIMENTO COM DIVERSIFICAÇÃO INTERNACIONAL

O investidor agressivo deseja maximizar o retorno assumindo riscos maiores, mas de maneira estratégica e bem diversificada. A alocação inclui ativos de crescimento, diversificação geográfica e exposição a mercados fora do Brasil, em particular nos Estados Unidos, com investimentos em ações internacionais e ETFs dolarizados.

Exemplo de portfólio agressivo

1. **40% em ações de crescimento:** a maior parte do portfólio será dedicada a ações de empresas de alto crescimento, especialmente em setores como tecnologia, saúde, biotecnologia e energias renováveis. Essas ações, embora mais voláteis, oferecem grandes oportunidades de valorização no longo prazo. Empresas como grandes nomes do setor de tecnologia, que apresentam inovação constante, são candidatas ideais para essa parcela do portfólio.

2. **10% em private equity:** alocar uma parte em private equity oferece exposição a empresas que ainda não são listadas publicamente, com potencial de valorização antes de atingirem o mercado de capitais. Essa alocação é feita em fundos com horizonte de longo prazo, geralmente de sete a dez anos, e pode gerar retornos significativos, embora com menos liquidez.

3. **15% em imóveis diretos ou fundos de investimento imobiliário (FIIs) de longo prazo:** a exposição ao mercado imobiliário, seja por imóveis diretos ou FIIs, oferece estabilidade e geração de renda passiva. Essa parcela de ativos de longo prazo é importante para adicionar um elemento de segurança ao portfólio. Propriedades comerciais, galpões logísticos e fundos que distribuem rendimentos consistentes são opções interessantes.

4. 5% em criptomoedas e ativos digitais: criptomoedas como Bitcoin e Ethereum continuam sendo um componente relevante para investidores agressivos que desejam exposição ao setor de ativos digitais e à tecnologia blockchain. Apesar da volatilidade, esses ativos podem gerar grandes retornos no longo prazo.

5. 10% em fundos multimercados de alta volatilidade: os fundos multimercados de alta volatilidade oferecem uma diversificação adicional, investindo em uma combinação de ativos como ações, moedas, commodities e derivativos. Esses fundos têm uma gestão ativa e buscam retornos elevados, aproveitando oportunidades em diferentes mercados e condições econômicas.

6. 20% em ações internacionais e ETFs nos Estados Unidos (dólar): uma parte significativa do portfólio será alocada em ações internacionais e ETFs baseados nos Estados Unidos, oferecendo exposição a empresas globais de alto crescimento e protegendo o investidor contra riscos locais e desvalorização cambial. Esses ETFs e ações são dolarizados e estão posicionados nos mercados globais, especialmente nos Estados Unidos, permitindo que o investidor participe de setores e empresas líderes em suas indústrias.

- **Objetivo:** esse portfólio reflete uma estratégia arrojada e bem diversificada, com um foco significativo em ativos de crescimento e uma forte exposição internacional, em especial no mercado norte-americano. A diversificação entre ativos de alta volatilidade, private equity, criptomoedas e ativos internacionais permite ao investidor agressivo buscar retornos elevados com uma alocação equilibrada entre ativos de maior risco e de longo prazo.

A diversificação é a chave para proteger seu patrimônio e, ao mesmo tempo, aproveitar as oportunidades de crescimento. O portfólio ideal para você depende de seu perfil de risco, suas metas e seu horizonte de tempo. O investidor conservador prioriza segurança e preservação de capital, enquanto o moderado busca equilibrar segurança e crescimento, e o agressivo está disposto a correr maiores riscos para capturar retornos significativos.

Esses exemplos de portfólio mostram que, com a diversificação adequada, você pode criar uma estratégia de investimento personalizada que se adapta a seu perfil e objetivos. Seja qual for seu estilo de investidor, o mais importante é manter-se disciplinado, revisando regularmente seu portfólio e ajustando suas alocações conforme suas necessidades e circunstâncias mudam.

MONITORANDO E AJUSTANDO SEUS INVESTIMENTOS – O CAMINHO PARA A SUSTENTABILIDADE DE LONGO PRAZO

Agora é hora de focar um aspecto igualmente crucial para qualquer investidor que busca sucesso no longo prazo: o monitoramento contínuo e os ajustes inteligentes de sua carteira. A realidade é que o mercado está sempre em movimento, e mesmo que você tenha traçado uma estratégia sólida e diversificada, suas metas pessoais, sua tolerância ao risco e as próprias condições do mercado podem mudar com o tempo.

Monitorar seus investimentos não significa ficar obcecado com cada movimento diário do mercado, e sim estabelecer uma rotina regular para revisar sua estratégia e verificar se está progredindo na direção desejada. Muitos investidores caem na armadilha do pensamento *"set it and forget it"* [fazer e esquecer], acreditando que basta definir a estratégia uma vez e nunca mais olhar para ela. Embora isso possa parecer uma abordagem prática, o sucesso financeiro de longo prazo requer ajustes e refinamentos contínuos para manter o portfólio alinhado com seus objetivos.

Há várias razões pelas quais o acompanhamento regular é essencial.

- **Mudanças na sua vida pessoal:** o que funciona para você hoje pode não ser adequado amanhã. Mudanças como um novo emprego, relacionamento, chegada de filhos ou até mesmo o desejo de se aposentar mais cedo podem alterar suas metas financeiras. A sua estratégia de investimento precisa acompanhar essas mudanças, seja aumentando a exposição ao risco para acelerar o crescimento ou reduzindo o risco para proteger o que você já construiu.
- **Condições econômicas e de mercado:** o cenário macroeconômico é dinâmico, com variações em taxas de juros, inflação, e até mesmo mudanças políticas e tecnológicas que podem impactar o desempenho de seus investimentos. Ao monitorar o mercado, você pode identificar quando é o momento de ajustar sua carteira para refletir as novas condições.

- **Desbalanceamento da carteira:** com o tempo, alguns ativos de seu portfólio podem crescer mais do que outros, fazendo com que a alocação original se desvie do plano inicial. Por exemplo, se suas ações de tecnologia tiveram um ótimo desempenho, elas podem representar uma parcela maior de seu portfólio do que o inicialmente planejado, aumentando o risco total de sua carteira. Nessas situações, o rebalanceamento é necessário para manter o equilíbrio e o controle do risco.

A frequência com que você revisa sua carteira depende de seu perfil de investidor e dos tipos de ativos que possui. O objetivo é encontrar um ritmo que lhe permita estar em sintonia com o desempenho de seu portfólio sem ser excessivamente reativo às flutuações do mercado.

- **Revisões trimestrais ou semestrais:** para a maioria dos investidores, revisar a carteira a cada três ou seis meses é suficiente para avaliar o desempenho dos ativos e decidir se ajustes são necessários. Nesses momentos, você deve analisar se algum ativo teve valorização ou desvalorização significativa e se há necessidade de reequilibrar sua carteira.
- **Rebalanceamento anual:** fazer um rebalanceamento anual é uma prática recomendada para manter sua alocação de ativos de acordo com o plano original. Por exemplo, se inicialmente você alocou 30% em ações e agora essa porcentagem subiu para 40% devido ao desempenho positivo do mercado, é hora de vender uma parte dessas ações

A diversificação é a chave para proteger seu patrimônio e, ao mesmo tempo, aproveitar as oportunidades de crescimento.

**CAPITAL INTELIGENTE
@DAVI_RAMOS**

e redistribuir o capital em ativos mais estáveis para voltar ao equilíbrio desejado.

- **Revisão de metas e objetivos:** a vida e os objetivos mudam, e seu portfólio precisa refletir essas mudanças. É importante revisar suas metas pelo menos uma vez por ano. Pergunte-se: *Meus objetivos financeiros ainda são os mesmos? Minha tolerância ao risco mudou?* Caso suas metas tenham mudado, ajuste sua alocação de ativos para refletir essas novas prioridades.

Rebalancear sua carteira é um dos passos mais importantes para manter o controle sobre o risco e a consistência de sua estratégia de investimento. No entanto, emocionalmente, pode ser difícil vender o que está subindo e comprar o que está caindo. O rebalanceamento requer disciplina e a capacidade de ignorar o "ruído" do mercado.

- **Exemplo prático de rebalanceamento:** imagine que você iniciou seu portfólio com uma alocação de 40% em ações de crescimento e, devido ao ótimo desempenho dessas ações, agora elas representam 50% de sua carteira. Embora isso possa parecer positivo, significa que seu portfólio agora está mais arriscado do que o planejado. O rebalanceamento consiste em vender parte dessas ações e investir o valor em ativos mais estáveis, como títulos de renda fixa ou fundos imobiliários, para voltar à alocação original de 40%.

ACOMPANHANDO ATIVOS ILÍQUIDOS, COMO PRIVATE EQUITY E IMÓVEIS

Investir em ativos ilíquidos, como private equity e imóveis, requer uma abordagem de monitoramento diferente, já que esses ativos não apresentam variações de preço diariamente. O foco, nesse caso, é acompanhar o progresso do investimento e verificar se ele está cumprindo os objetivos de longo prazo.

- **Private equity:** esses investimentos geralmente têm um horizonte de sete a dez anos e não apresentam cotações diárias. Portanto, o monitoramento deve estar relacionado ao desempenho e ao progresso da empresa ou do fundo investido. Leia relatórios semestrais ou anuais, acompanhe as receitas, os lucros e o cumprimento dos marcos estratégicos do investimento.
- **Imóveis diretos ou fundos de investimento imobiliário (FIIs):** para imóveis diretos, avalie periodicamente o valor de mercado, a demanda por locação e a rentabilidade do imóvel. No caso dos FIIs, acompanhe os rendimentos distribuídos e a saúde financeira dos fundos, bem como as tendências do setor imobiliário em que estão investidos.

AJUSTANDO SUA EXPOSIÇÃO A MERCADOS INTERNACIONAIS

Investir em mercados internacionais pode trazer grandes benefícios de diversificação e proteção cambial, mas também exige um monitoramento cuidadoso. É importante estar atento a fatores como taxas de câmbio, políticas monetárias dos principais bancos centrais e condições econômicas globais.

- **Monitoramento dos mercados internacionais:** verifique regularmente o desempenho das empresas e ETFs internacionais em que investe. Fatores como a valorização ou desvalorização do dólar, políticas monetárias do Federal Reserve (Fed), sistema de reserva federal dos Estados Unidos, e a evolução de diferentes economias devem ser considerados para entender como impactam seu portfólio internacional.
- **Diversificação geográfica:** se notar que determinado mercado está muito concentrado ou sobrevalorizado, considere ajustar sua exposição a outras regiões que possam oferecer melhores oportunidades de crescimento.

MONITORAMENTO EMOCIONAL – EVITANDO DECISÕES IMPULSIVAS

Investir não é apenas uma questão de números e gráficos; nossas emoções desempenham um papel significativo em nossas decisões. Em meio a crises, o medo pode levá-lo a vender ações que, com o tempo, poderiam se recuperar e oferecer retornos substanciais. Da mesma forma, a euforia em períodos de alta pode fazê-lo investir em ativos sobrevalorizados.

Evite decisões baseadas em emoções. O melhor antídoto para evitar decisões impulsivas é estabelecer um cronograma regular de monitoramento e manter um plano bem-definido. Dessa maneira, você se baseia em dados e objetivos claros, evitando que o medo ou a ganância interfiram em sua estratégia.

Monitorar e ajustar seus investimentos é um processo contínuo e essencial para garantir o sucesso no longo prazo. O mercado está em constante mudança, assim como sua vida e suas metas financeiras. Revisar periodicamente o portfólio, ajustar as alocações e rebalancear os ativos são práticas que manterão sua estratégia de investimento alinhada com seus objetivos e sua tolerância ao risco.

Para o investidor agressivo, em especial, a atenção ao monitoramento é ainda mais importante, devido à maior volatilidade dos ativos em que investe. Portanto, mantenha a disciplina, siga seu plano e não tenha medo de ajustar sua estratégia quando necessário.

O pilar da liquidez é o último do método CAPITAL, mas não menos importante. Ele completa e fortalece toda a estrutura financeira que você construiu ao longo deste percurso. Gerenciar bem sua liquidez permite que você navegue por mares turbulentos com segurança e tranquilidade, aproveitando oportunidades que só aparecem para quem está preparado.

Nunca subestime a importância de manter ativos líquidos adequados a sua realidade e as suas necessidades. Um planejamento financeiro sólido não se limita a buscar retornos; ele garante que você tenha sempre acesso rápido a seu dinheiro quando necessário, sem comprometer seu futuro financeiro.

Ao finalizar este capítulo, tenha claro que a liquidez não é apenas uma proteção contra crises, mas uma poderosa ferramenta estratégica que permite expandir sua riqueza com inteligência e segurança. Cultive essa prática e mantenha sua vida financeira em equilíbrio constante.

10

A TRANSFORMAÇÃO QUE O MÉTODO CAPITAL PODE TRAZER

Encerramos o percurso pelo método CAPITAL explorando estratégias, filosofias e práticas que têm o potencial de transformar sua vida financeira. Agora, quero que você pare por um momento e pense em algo ainda mais profundo e valioso que transcende números e gráficos: seu propósito. No fim das contas, o que buscamos não é apenas sucesso financeiro – é liberdade. Uma liberdade que nos permite escolher, viver, experimentar e, acima de tudo, ser quem realmente somos. É sobre isso que este capítulo fala, sobre unir todos esses aprendizados para construir algo maior: uma vida plena, livre e significativa.

O caminho para a independência financeira pode parecer uma estrada longa e, às vezes, desafiadora, mas saiba que, a partir do momento em que você decidiu buscar conhecimento, já deu o primeiro passo em direção a esse destino de sucesso. Ao continuar trilhando essa jornada, você alcançará não apenas a prosperidade financeira, mas também a realização de uma vida equilibrada, em que o dinheiro é um aliado, e não um objetivo final.

Muitos acreditam que sucesso financeiro significa estar rodeado de luxos, carros caros, mansões, viagens pelo mundo; mas, para mim, o verdadeiro sucesso financeiro vai muito além de posses materiais. Sucesso financeiro é a capacidade de viver de acordo com seus próprios termos, sem o medo do futuro, sem o estresse constante do "será que vai dar?". É tomar decisões baseadas no que realmente importa; em seus valores, em seus sonhos e em suas paixões, sem ser limitado pelo que você tem (ou não tem) em sua conta bancária.

Imagine, por um momento, acordar todos os dias sabendo que você está no comando de sua vida. Que seu tempo pertence a você. Que você tem a liberdade de trabalhar no que ama, de se dedicar aos projetos com os quais sempre sonhou, de passar mais tempo com sua família, de explorar o mundo. Esse sonho não é uma utopia; é algo que está a seu alcance, algo que você pode construir passo a passo.

O mais importante é que você já deu os primeiros passos. Ao buscar conhecimento e colocar em prática as estratégias que discutimos, você está construindo a base para essa liberdade. E com disciplina, perseverança e um olhar voltado para o futuro, chegará lá.

Talvez você já tenha ouvido histórias de pessoas que sacrificaram tudo em nome do sucesso, que abriram mão da saúde, dos relacionamentos e da felicidade em troca de riqueza. Mas deixe-me contar um segredo: não precisa ser assim. O verdadeiro sucesso é encontrar o equilíbrio entre suas ambições financeiras e a vida que você quer viver. De que adianta conquistar o mundo se, no processo, você perde a si mesmo?

O caminho para a independência financeira não deve afastá-lo do que é mais importante: sua saúde, sua família e seus valores. Cuide de seu corpo, de sua mente e de seu espírito. Invista em bons hábitos, pratique exercícios, medite, descanse. Cultive seus relacionamentos, esteja presente, crie memórias. O verdadeiro sucesso é aquele que pode ser compartilhado. Afinal, no fim da jornada, o que realmente importa são as conexões que construímos e os laços que fortalecemos ao longo do caminho.

Conquistar prosperidade financeira é uma das maiores realizações que alguém pode ter, mas ela se torna muito mais significativa quando está associada a um propósito. Pergunte a si mesmo: *Por que quero ser financeiramente independente?* Talvez a resposta seja ter a liberdade de passar mais tempo com sua família, apoiar causas em que acredita, ou mesmo inspirar outras pessoas a seguirem seus próprios sonhos. Quando você encontra um propósito maior, o dinheiro deixa de ser apenas uma meta e se torna um meio para viver uma vida com significado.

Ao longo da jornada que percorremos neste livro, você descobriu que a construção de riqueza é muito mais do que apenas acumular bens; é um processo contínuo que exige conhecimento, disciplina e paciência. Mas, acima de tudo, você percebeu que essa não precisa ser uma carga pesada, não precisa ser enfrentada sozinha e, definitivamente, não precisa ser marcada por sacrifícios. Ela pode ser uma experiência enriquecedora, repleta de aprendizado, crescimento e satisfação pessoal.

Parabéns por concluir a jornada! Agora, a decisão de aplicar esse conhecimento e construir a vida financeira que você deseja está em suas mãos; aproveite-a com sabedoria.

# 11

CONCLUSÃO – O VERDADEIRO SUCESSO NASCE DE SUAS ESCOLHAS E ESTÁ A SEU ALCANCE

Ao chegarmos ao final desta jornada, convido você a fazer uma pausa e refletir sobre o caminho que percorremos juntos. Pense em tudo o que aprendemos – desde as estratégias financeiras mais eficazes até os pequenos hábitos que, dia após dia, moldam seu futuro. Cada capítulo foi desenhado com um propósito claro: não apenas oferecer conhecimento, mas transformar sua relação com o dinheiro e, mais importante ainda, com a vida que você deseja construir.

Juntos, descobrimos que a inteligência financeira vai muito além de simplesmente acumular riqueza. Ela é uma forma de compreender profundamente como gerir seus recursos, tomar decisões conscientes e construir uma base sólida para a prosperidade. Trata-se de um entendimento que não fica restrito às finanças; é uma sabedoria que permeia todas as áreas da vida, trazendo clareza, segurança e propósito.

Conhecemos as histórias inspiradoras de grandes mestres dos investimentos, como Warren Buffett, Luiz Barsi e Ray Dalio. Suas trajetórias nos mostraram que, independentemente de onde começamos, a disciplina, a paciência e a consistência nos conduzem ao sucesso. Eles provaram que o sucesso financeiro não é um privilégio reservado a poucos, mas uma possibilidade real para qualquer pessoa que esteja disposta a aprender, se dedicar e acreditar em si mesma. E você, que chegou até aqui, já demonstrou ter o potencial para alcançar o mesmo.

Compreendemos o poder transformador dos hábitos e como são as pequenas ações diárias que, somadas, produzem resultados extraordinários ao longo do tempo. Ao automatizar seus investimentos e cultivar a disciplina, você começa a construir um caminho sólido em direção à independência financeira. A riqueza não surge de um único momento ou decisão; ela é o resultado de escolhas consistentes e inteligentes que fazemos dia após dia. E o melhor de tudo é que você já iniciou esse processo.

Exploramos a importância da diversificação e como ela é essencial para minimizar riscos e maximizar oportunidades. Para um investidor agressivo, diversificar significa explorar desde ações de crescimento até investimentos em private equity e ativos internacionais. Agora você entende que, ao diversificar, não só protege o que construiu, mas também abre espaço para que seu patrimônio cresça de maneira sólida e sustentável.

Falamos sobre a automatização como uma aliada poderosa em sua jornada financeira. Ao automatizar aportes, poupanças e ajustes de portfólio, você facilita sua vida e também garante que sua estratégia siga firme e eficaz, mesmo sem intervenção constante. Esta é a beleza da disciplina automatizada – ela trabalha por você, mesmo quando você está ocupado vivendo sua vida.

Enfrentamos juntos o tema das crises e oscilações de mercado. Lembramos dos momentos de tensão, como o Joesley Day, a greve dos caminhoneiros e a pandemia de covid-19, que testaram a resiliência de muitos investidores brasileiros. No entanto, aprendemos que é justamente nesses momentos que o investidor preparado e paciente consegue emergir mais forte. Cada crise

O verdadeiro sucesso é aquele que nos permite viver plenamente, com segurança, liberdade e a capacidade de dedicar tempo ao que realmente importa para nós.

CAPITAL INTELIGENTE
@DAVI_RAMOS

traz lições valiosas e oportunidades para quem consegue manter a calma e a visão de longo prazo. E você, agora, está equipado para enfrentar esses desafios com confiança e serenidade.

Discutimos também a importância de planejar sua estratégia de saída, tão crucial quanto a de entrada. Saber quando realizar lucros ou ajustar sua alocação de investimentos é essencial para proteger seu patrimônio e alcançar seus objetivos financeiros. O rebalanceamento e a realização parcial de lucros deixaram de ser conceitos abstratos e passaram a integrar sua ferramenta prática para manter e ampliar sua riqueza com segurança.

Acima de tudo, o que realmente exploramos foi a necessidade de buscar o equilíbrio entre o sucesso financeiro e a qualidade de vida. Porque, no final das contas, de que adianta conquistar grandes riquezas se, no processo, sacrificamos nossa saúde, nossos relacionamentos e nossa paz interior? O verdadeiro sucesso é aquele que nos permite viver plenamente, com segurança, liberdade e a capacidade de dedicar tempo ao que realmente importa para nós.

Claro que a jornada terá seus desafios. O mercado pode ser imprevisível, e a vida, cheia de surpresas. Mas lembre-se de tudo o que aprendeu até aqui: as ferramentas que você possui agora são mais do que suficientes para superar qualquer obstáculo. As crises, as incertezas, os momentos de dúvida – todos eles são temporários, o que permanece é sua determinação, sua resiliência e a visão clara do que você deseja para seu futuro.

Ao encerrar esta leitura, leve consigo a certeza de que o sucesso financeiro não é algo distante ou inalcançável. Ele está mais próximo do que você imagina, e as chaves para conquistá-lo já estão em suas mãos.

Acredite em seu potencial: você é perfeitamente capaz de criar a vida com a qual sempre sonhou, uma vida com liberdade financeira, com propósito e, sobretudo, com equilíbrio e alegria. O caminho pode parecer longo, mas cada passo que você der o levará para mais perto desse futuro que tanto deseja. E nunca se esqueça: o sucesso não é medido apenas pelo que acumulamos em nossas contas bancárias, e sim pela qualidade de vida que construímos e pelas pessoas que nos tornamos ao longo do caminho.

Vá em frente, acredite em si mesmo e construa a vida que você merece.

APÊNDICE: OBRAS E PERSONALIDADES QUE INSPIRAM

A seguir, listo as obras e personalidades citadas ao longo do livro que considero fundamentais para quem busca incentivo e inspiração no mundo dos investimentos e do equilíbrio financeiro.

BARSI FILHO, L. **O rei dos dividendos**: a saga do filho de imigrantes pobres que se tornou o maior investidor pessoa física da bolsa de valores brasileira. Rio de Janeiro: Sextante, 2022.

Um dos principais nomes brasileiros em investimentos baseados em dividendos. As lições de Barsi são usadas para destacar o poder da renda passiva no longo prazo.

BOGLE, J. C. **O investidor de bom senso**: a melhor maneira de garantir um bom desempenho no mercado de ações. Rio de Janeiro: Sextante, 2020.

Na obra, o autor apresenta grande fundamentação para estratégias de investimento passivo e diversificação por meio de fundos de índice de baixo custo.

BUFFETT, W.; CUNNINGHAM, L. A. **As cartas de Warren Buffett**: lições de investimento e gestão aos acionistas da Berkshire Hathaway. Rio de Janeiro: Sextante, 2022.

Um compilado de lições práticas e filosóficas sobre investimentos de longo prazo e paciência, aplicado como base para estratégias sustentáveis.

DALIO, R. **Princípios**. Rio de Janeiro: Intrínseca, 2018.

Apresentação de estratégias que abordam a diversificação em múltiplos cenários econômicos, incluindo a construção de carteiras resilientes como o "All Weather Portfolio".

DRUCKER, P. F. **O gestor eficaz**. São Paulo: LTC, 1990.

Base conceitual para a importância do planejamento estratégico em finanças pessoais e empresariais.

DUHIGG, C. **O poder do hábito**: por que fazemos o que fazemos na vida e nos negócios. Rio de Janeiro: Objetiva, 2012.

Exploração do ciclo dos hábitos (gatilho, rotina e recompensa), utilizado para fundamentar a criação de hábitos financeiros saudáveis e consistentes.

EINSTEIN, A.

Apresentou o conceito de juros compostos como "a oitava maravilha do mundo", amplamente citado em contextos financeiros e econômicos.

FISHER, P. A. **Ações comuns, lucros extraordinários**: seu guia clássico para investimento em ações. São Paulo: Benvirá, 2012.

Referência essencial para análise qualitativa de empresas, incluindo a identificação de fatores de crescimento e inovação corporativa.

GRAHAM, B. **O investidor inteligente**: um guia clássico de como ganhar dinheiro na bolsa. Rio de Janeiro: Nova Fronteira, 2007.

Obra de referência para a filosofia de investimento em valor, incluindo o conceito de "margem de segurança". Esse livro é a base dos ensinamentos de Warren Buffett e de outros investidores.

KLARMAN, S. A. **Margin of Safety**: Risk-Averse Value Investing Strategies for the Thoughtful Investor. Nova York: HarperBusiness, 1991.

Uma abordagem cuidadosa para o investimento em valor, enfatizando o gerenciamento de riscos.

LO, A. W. **Mercados adaptáveis**: evolução financeira na velocidade do pensamento. São Paulo: Alta Books, 2018.

Fundamentação teórica para entender a dinâmica dos mercados financeiros, utilizada para explicar a hipótese dos mercados adaptativos.

LYNCH, P. **One Up on Wall Street**: How to Use What You Already Know to Make Money in the Market. Nova York: Simon & Schuster, 1989.

Proposta prática de como investidores individuais podem identificar oportunidades no mercado observando empresas do cotidiano.

RASCHKE, L. B. **Trading Sardines**: Lessons in the Markets by a Lifelong Trader. Chicago: Edge Group, 2019.

Insights sobre a psicologia do mercado e a prática do trading, contribuindo para o entendimento de estratégias avançadas de investimento.

WEISS, G.; LOWE, J. **Dividends Don't Lie**: Finding Value in Blue-Chip Stocks. Nova York: Kaplan Business, 1995.

Estratégias de investimento em dividendos consistentes, com foco em empresas sólidas e bem-estabelecidas.

Este livro foi impresso
pela Edições Loyola em
papel lux cream 70 g/m²
em julho de 2025.